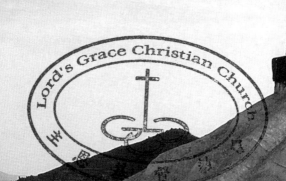

宣教神學

莊祖鯤 著

宣教神學 目錄

莊祖鯤 牧師

序　論

　　宣教學是一門綜合性的學科，其中包含了歷史、神學、人類學及社會學等不同的領域。但是雖然宣教學涵蓋這些領域，我們不能容讓「本末倒置」的現象發生，使宣教學隨從這些人文學科的思想潮流而走。相反地，當我們要探討宣教的理念及策略時，我們應該先從神學的角度來思考，否則我們就會失去宣教事工中最重要、最根本的屬靈指導原則。

　　當我們從不同的角度深入地探討宣教神學的種種問題之後，我們期望大家對下列四個問題，都能有一個清晰而且深刻的認識：

1. 神是「宣教的神」

　　近代的宣教學家常常提到一個拉丁文的名詞Missio Dei，意思就是「神的宣教」(The Mission of God)。的確從聖經來看，三位一體的神乃是「宣教的神」。而且從舊約到新約，很清楚地神的救贖計畫對象一直都是「普世性」(Universality)的，而非僅僅只針對以色列這個特定民族或國家。

　　此外，聖父、聖子與聖靈三個不同的「位格」，在宣教的角色及分工上，也都發揮了不同的功能。整體來說，聖經(特別是舊約)漸進地指出：基於神的本性，**父神**的恩典及永恆的救贖計畫，是包涵所有的種族及世代的。新約聖經(特別是四福音書)則藉著**耶穌基督**的道成肉身、受死及復活，顯明神的救贖計畫將如何實現在全人類身上。最後，使徒行傳及其他新約書信，強調**聖靈**如何在世上運行，使神的救贖成就在個人、家庭及各民族當中。有些近代福音派宣教學家

指出，這種從三位一體神之觀點而建立的「三一神宣教學」(Trinitarian Missiology)，是當今宣教學的重要任務之一[1]。

2. 聖經是「宣教的書」

很多人一想到宣教，就以為聖經中有關宣教的經文，都來自於新約聖經。其實從創世記開始，「宣教」的主題就一值貫穿著整本聖經。在創世記第一章到第十一章，已經很清楚地表明了神的普世胸懷。而創世記第十二章，神與亞伯拉罕所立的「亞伯拉罕之約」，更將全世界的萬族萬民都包含在神的救贖計畫之內。

不但是創世紀，從出埃及記以後的歷史書中，也有許多關於宣教的紀錄或宣告。而詩篇及先知書中，神的「普世」胸懷更是昭然若揭了。到了新約，則無論是福音書、使徒行傳和書信，「宣教」都是一個明顯的主題。所以，我們可以說聖經是一本宣教的書。一百年多前，Martin Kahler甚至說：「宣教是神學之母」。

3. 聖經中有關宣教的啟示是漸進的

雖然聖經是一本宣教的書，而且新、舊約聖經也都有關於宣教的啟示，然而我們也必須謹記：聖經的啟示是「漸進的」。換句話說，隨著時間的進展，神逐漸地向人顯明祂的計畫及心意。這種「漸進的啟示」(Progressive Revelation)，在基督論及末世論中格外明顯，在宣教的啟示上也是如此。

因此我們會注意到：談到宣教，舊約比較多是「隱喻式」(implicit) 的，新約則多為「明示式」(explicit) 的；舊約的宣教常是「被動」的，新約則多為「主動出擊」的。舊約固然已經把神對宣教的心意和遠景宣告出來了，但是直到

新約，有關宣教的策略、方法、原則才被清楚地記載下來。

　　最後關於宣教的概念，很多人注意到似乎舊約與新約有明顯的差異。有人形容舊約似乎是「向心式」(Centripetal)的，而新約卻是「離心式」(Centrifugal)的[2]，也有人稱之為「吸引式」(Attractive)與「擴張式」(Expansive)[3]。其對比如下：

	舊　約	新　約
宣教模式	向心式	離心式
有關宣教的「鑰字」	「來吧！我們…」(彌4:2)	「你們要去…」(太28:19)
代表性經文	彌迦書4:1-2	馬太福音28:18-20

　　但是我們也要避免過分簡化的「二分法」的成見，免得以偏蓋全。因為雖然舊約的經文及啟示似乎傾向於「向心式」，但是仍有一些明顯的「離心式」例子(如約拿)。我們將在下面的章節中，更詳細的去探討，所以在此就不再贅述了。

4. 宣教神學與聖經神學及系統神學的關係

　　如眾所週知的，一般神學有「聖經神學」與「系統神學」兩個系統，但是「聖經神學」是「系統神學」的根基。也就是說，我們應該先從不同的聖經作者的著作中，找出每一卷書的信息主題，然後我們才能再從之歸納出貫穿全本聖經的救贖論、基督論、末世論等議題的教義。前者就叫做「聖經神學」，後者就是所謂的「系統神學」。希伯(Paul G. Hiebert)曾分析「聖經神學」、「系統神學」和「宣教神學」三者的異同，並以下表來說明[4]：

	系統神學	聖經神學	宣教神學
來源	聖經是神的啟示	聖經是神的啟示	聖經是神的啟示
問題	什麼是永恆不變的宇宙性真理？	什麼是聖經「信息」在原來及現今的意義？	聖經對人類現在特定的情況告訴了我們什麼？
方法	抽象的邏輯推理	歷史學	依據前例及已有的教導
結果	幫助發展對聖經世界觀跨時代的(synchronic)瞭解	幫助發展對聖經世界觀歷史性的(diachronic)瞭解	幫助發展基於聖經世界觀而有的宣教異象及動力
限制	不容易在經文與神學架構之間，普世性與特定環境間，及神的奧秘與解釋之間建立橋樑。也不是宣教性的。	不容易在經文與神學架構之間，普世性與特定環境間建立橋樑。也不是宣教性的。	不容易在今日與宇宙性架構之間，及現今與宇宙性時間和「信息」之間建立橋樑。

宣教神學是透過系統神學及聖經神學來瞭解聖經，但是宣教神學乃是要在聖經真理與宣教士所事奉的工場之社會、文化及歷史的背景間，搭起一座橋樑。因為宣教神學家的工作，是要將福音傳遞給及應用在現代人身上[5]。但是系統神學、聖經神學與宣教神學三者仍然是相輔相成的。

因此，我在撰寫《宣教神學》本書時，也是從聖經神學的觀點著手，先去了解從舊約到新約，從先知到保羅對宣教的啟示。宣教學家彼喬治(George. W. Peters)就曾說[6]：「宣教神學是聖經神學的『核心』(core)，而不是其『附錄』(appendix)。」

然後到了本書的後半部，我才緊接著探討當代宣教神學中的幾個重要的議題。這些宣教的議題，是近代宣教學常常討論的問題，也是二十一世紀的宣教，所必須面對的問題。但是我的方法是先從聖經的根基上去思考，再來討論這些宣教議題的爭論。

主要參考書目

坊間有關宣教神學的書並不多，中文的翻譯本更少見。下列書目是作者在撰寫本書的時候，主要參考的書目。

1. George W. Peters, *A Biblical Theology of Missions,* Moody Press, 1972.

2. J. Verkuyl, *Contemporary Missiology: An Introduction,* Eerdmans, 1978.

3. 賈禮榮(J. Herbert Kane)，黃彼得譯：《宣教神學的聖經基礎》, (*Christian Missions in Biblical Perspective*)，東南亞聖道神學院，1980.

4. Walter C. Kaiser Jr., *Mission in the Old Testament,* Baker, 2000

5. William J. Larkin Jr. and Joel F. Williams (ed.), *Mission in the New Testament:* An Evangelical Approach, Orbis Books, 2003.

6. David J. Bosch, *Transforming Mission: Paradigm Shifts in Theology of Mission,* Orbis Books, 1991. 中譯本：《更新變化的宣教》(白陳毓華譯)，華神，1996.

7. David J Heessslgrave & Edward Rommen, *Contextualization: Meanings, Methods and Models,* Baker, 1989.

8. Ralph D. Winter & Steven C. Hawthorne (eds.), *Perspectives: On the World Christian Movement* (3rd ed.) William Carey Library, 1999.

9. Roger E. Hedlund, *The Mission of the Church in the World: A Biblical Theology,* Baker, 1985.

10. John M. Terry, Ebbie Smith and Justice Anderson (eds.), *Missiology: An Introduction to the Foundations, History, and Strategies of World Missions,* Broadman & Holman, 1998.

11. Donald Senior and Carroll Stuhlmueller, *The Biblical Foundations for Mission,* Orbis, 1989.

12. William D. Taylor (ed.), *Global Missiology for the 21st Century: The Iguassu Dialogue,* WEF/Baker, 2000.

1　Alan Roxburgh, "Rethinking Trinitarian Missiology," in ***Global Missiology for the 21ˢᵗ Century*** (ed. by William D. Taylor), WEF/Baker, 2000, p. 180-88.

2　George W. Peters, ***A Biblical Theology of Missions,*** Moody Press, 1972, p.21.

3　Jonathan Lewis, "Two Forces," in ***Perspective,*** WEF/Baker, 1999, p. 60-61.

4　Paul. G. Hiebert, "Spiritual Warfare and Worldview," in ***Global Missiology for the 21ˢᵗ Century*** (ed. by William D. Taylor), WEF/Baker, 2000, p. 165.

5　同上，p. 167-68.

6　***A Biblical Theology of Missions,*** p.27.

第一章
舊約歷史書中的宣教

到底舊約中有沒有提到「宣教」？這是見仁見智的問題。如果我們接受傳統上將「宣教」的定義為「差派傳道者到遠方去」，那麼舊約中的確沒有信徒被神差遣，跨越地理、宗教及社會的界線，去領人歸向耶和華。即使約拿被神差遣去尼尼微宣告神的審判，在這定義下，也不算是「宣教」，因為他所宣告的，並不是救恩的信息(詳見第三章的討論)。

但是我們若以廣義的「宣教」來看，則舊約並不是沒有宣教的「異象」，而是沒有今日所謂積極的宣教「行動」罷了。況且，舊約是幫助我們了解新約宣教的基礎，因為神對全世界萬族萬民的救贖計畫，都已經在舊約裡向我們啟示了。

第一節　摩西五經中的宣教

很多人以為，聖經中有關宣教的經文，都來自於新約聖經，而忽略了其實從創世記開始，「宣教」的主題一直貫穿著整個舊約聖經。在創世記第一章到第十一章，已經很清楚地表明了神的普世胸懷。而第十二章開始，神與亞伯拉罕所立的「亞伯拉罕之約」，更將全世界的萬族萬民都包含在神的救贖計畫之內。因此，我們需要從舊約的基礎—「摩西五經」開始，來看神對宣教的啟示。

1. 創世記中神對宣教的啟示

1) 有關「彌賽亞—基督」的預言

創世記第三章記載了伊甸園中亞當和夏娃的犯罪的結果，就是他們被逐出伊甸園。但是在創世記第三章十五節神也向蛇宣告了咒詛：「我也要叫你和女人彼此爲仇，你的後裔和女人的後裔也彼此爲仇。女人的後裔要傷你的頭，你要傷他的腳跟。」。

這預言中的「女人的後裔」是誰呢？祂就是耶穌基督。祂雖然爲了替人類承擔罪債，死在十字架上，被「傷了腳跟」。然而當基督再次降臨時，祂卻要以得勝的榮光，徹底地擊敗魔鬼，打破「撒旦的頭」。所以這就是神對人類整個救贖計畫的縮影。

2) 有關贖罪的啟示

另外一件神爲亞當和夏娃所作的事，就是「用皮子作衣服給他們穿」(創3:21)。不但這皮革是取自動物，象徵牠們爲人類的罪成了「犧牲品」；而且這遮體的衣服也預表將來聖徒所要穿戴的「公義的白袍」。

所以，「神在審判的時候，也預備了救恩」，這句話不但是整本聖經一再反覆強調的主題，也是宣教的基礎[1]。換句話說，神公義的忿怒帶來福音的「必要性」；而神的慈愛卻帶來救恩的「可能性」。這就是神在舊約中，向以色列人與外邦列國所顯明的救贖之信息。

3) 亞伯拉罕之約—「萬國都必因亞伯拉罕蒙福」

創世記有關宣教的另外一處重要的經文是神對亞伯拉罕的應許。當神呼召亞伯拉罕離開本地本家時，祂就應許亞伯拉罕：「地上的萬族都要因你得福」(創12:3)。而且神曾經在18:18; 22:18; 26:4及28:14分別向亞伯拉罕、以撒和雅

各，另外重複四次這個應許，可見這個應許之重要性。

在這個應許中，神的救贖計畫乃是「普世性」的，已經昭然若揭了。因此，以色列人雖是「神的選民」，然而神的救恩卻不僅限於以色列人，這在神對亞伯拉罕的應許中已經清楚地表明了。這個「普世救贖論」(Universalism)也是宣教的基礎之一。

然而在地上的萬族中，以色列民族與神有獨特的關係。因為雖然萬族都是神所造、所統治的，但是只有以色列民族是祂所救贖的。因此從創世記十二章以後的舊約歷史就是以色列民族的歷史，而以色列民族的歷史就是「救贖的歷史」。但是這種「特別論」(Particularism)，是論到神用來達到拯救普世的方法及途徑 [2]。也就是說，神揀選亞伯拉罕和以色列民族的目的，不是單為他們自己，乃是為拯救全世界。

2. 出埃及記中神對宣教的啟示

救贖的「特別論」在以色列民族出埃及的歷史中，表達的最為清晰。在此，神的救贖計畫已經由一個人(亞伯拉罕)、一個家族(雅各家)，擴及到一個民族(以色列民族)。而且以色列民族在救贖歷史的獨特角色，也已經被定位為「祭司的國度」了(出 19:6)。

1) 神要使外邦人認識祂

當法老王堅拒讓以色列人離開埃及時，神降十災來刑罰埃及人，但是有將近十八處的經文顯明，神降災的目的，不是要毀滅他們，而是要法老王及埃及人「知道我是耶和華」(如 7:5,17; 8:22; 14:4, 18)。這種對神的「認識」，絕不

僅是頭腦上的認知，而是包括對神的體認和與神關係的建立。因此當以色列人出埃及時，也有一些「閒雜人」與他們一同離開埃及(出 12:38)，這些「閒雜人」就是一些因神的大能而被懾服，甚至甘心情願與以色列人一同離鄉背井，前往神的應許之地的埃及人[3]。

另外，當神宣告要降冰雹之災時，「法老臣僕中懼怕耶和華這話的，便叫他的奴僕和牲畜跑進家來。但那不把耶和華這話放在心上的，就把他的奴僕和牲畜留在田裡。」(出 9:20-21)。那些「懼怕耶和華這話的」，就是相信祂而且因此採取行動的人。因此，救恩將也會臨到所有那些順服並信從祂話語的外邦人。

此外，神還藉著摩西對法老王說：「我叫你存立，是特要向你顯我的大能，並要我的名傳遍天下。」(出9:16)。因此，雖然以色列人出埃及時，有關聯的雖然只有以色列人和埃及人，但其中卻已經顯明了神拯救世界的目的。

2) 以色列民族要成為「祭司的國度」

以色列民族的蒙揀選，並非排斥其他民族，相反的，卻是萬民得拯救的途徑。以色列民族蒙揀選不是要賦予他們特權，而是要選他們來事奉[4]。所以神對以色列民族清楚地宣告：「你們要歸我作祭司的國度，為聖潔的國民。」(出19:6)。這「祭司的國度」表明：以色列民族將成為萬族萬民與神之間的「媒介」。而「聖潔的國民」則不但強調以色列民族是被分別為聖(holy)的，也是「全然」(wholly)屬於神的[5]。

因此揀選以色列民族的目的是為了事奉，如果沒有事奉，揀選就失去意義。賈禮榮曾引用維西頓的話說：「如果

我們認為神揀選以色列人只單是表現其獨斷獨行的主權，而罔顧其他列邦的死活，這是極其嚴重的錯誤。其實神揀選以色列人，乃是要他們替神服事列邦。這是這是神宣教事業的一部份。藉著揀選以色列人，神的應許就可以臨到萬邦。以色列人是應許的承受者，是祝福的中介者。」[6]

所以後來以色列民族大部分被棄絕，只留下少數的「餘民」(remnants)，就是因為他們在作為「祭司」職分上的失敗。而今天所有的信徒，無論種族，都成為「被揀選的族類、有君尊的祭司、聖潔的國度、屬神的子民」(彼前2:9)，也成為帶給世人由神而來的祝福之管道與媒介。

3. 利未記、民數記及申命記中神對宣教的啟示

1) 外邦人可與以色列人一同參與敬拜

在利未記中神吩咐以色列人要善待那些在他們中間寄居的外邦人，因為他們自己也曾在埃及寄居(利19:33-34)。在民數記摩西進一步地吩咐以色列人：

> 若有外人和你們同居，或有人世世代代住在你們中間，願意將馨香的火祭獻給耶和華，你們怎樣辦理，他也要照樣辦理。至於會眾，你們和同居的外人都歸一例，作為你們世世代代永遠的定例。在耶和華面前你們怎樣，寄居的也要也要怎樣。你們並與你們同居的外人，當有一樣的條例、一樣的典章。(民 15:14-16)

這段聖經很明確地指出，外邦人不但可以參與對神的敬拜，而且採用與以色列人一樣的儀式與典章。在其他的事上，也同樣是不分以色列人或外邦人的(利 15:29-30)。

2) 以色列人的經歷就是在向列國做見證

　　但是摩西在他的臨別演說中，也已經預知以色列人將背逆神，所以他在申命記二十八章論到祝福與咒詛時，只用了14節論及順服者將得的祝福，卻以54節論到背逆者將遭受的災難。然而以色列人的順服或背逆，也都是在向周圍的列國為神做見證。所以摩西說：

> 所看見的人，連萬國的人都必問說：「耶和華為何向此地這樣行呢？這樣大發烈怒是什麼意思呢？」人必回答說：…(申 29:24-25)。

　　然而當摩西在摩押的高原上，臨死前面向迦南地發表他的臨別演說時，他呼天喚地、苦口婆心地勸勉以色列人。最後他以「摩西之歌」(申命記32章)作為演講的結束。在「摩西之歌」的末了，他在提到以色列人將來會因拜偶像而遭災之後，但也預言以色列人將回轉，神也必將審判那欺壓以色列的列邦。到那時，「你們外邦人當與主的百姓一同歡呼，因祂要申祂僕人流血的冤，報應祂的敵人，潔淨祂的地，救贖祂的百姓。」(申32:43)。這個預言已經將啟示錄記載將來萬國萬民將一起敬拜神的圖畫，顯示在我們面前。

　　因此，雖然不是透過言語的宣告，以色列人仍然藉著他們的經歷，向世界見證這位獨一的真神，不但是天地萬物的創造者，也是信實的主及公義的審判者。換句話說，以色列人在消極方面，以他們自己「犯罪→受管教→認罪悔改→蒙救贖」的經歷，仍然擔任了他們「宣教士」的角色。

第二節　歷史書中的人物與宣教

1. 麥基洗德

　　當亞伯拉罕打敗諸王，救出羅得凱旋歸來時，有一位稱

為「撒冷王」，又是「至高神的祭司」的麥基洗德來迎接他。這位麥基洗德不但稱神為「天地的主、至高的神」，而且為亞伯拉罕祝福。亞伯拉罕也將所擄獲的十分之一獻上(創14:17-20)。

這位麥基洗德如何認識神？他如何成為至高神的祭司？聖經並沒有提供任何線索，所以我們無從得知。但是我們確知，在以色列人之外，的確有少數個人真的認識神，先知巴蘭就是另外一個例子(民22章)。

2. 葉忒羅—米甸的祭司

當摩西逃避法老王而寄居在米甸時，他被「米甸的祭司」葉忒羅所收留，後來葉忒羅成為摩西的岳父(出2:16-21)。後來當摩西率領以色列人出埃及，到了西乃山，葉忒羅帶著摩西的妻子西坡拉，和她的兩個兒子來與摩西會合。當摩西分享神如何以神蹟奇事來拯救以色列人的時候，葉忒羅就發出讚美，他說：

> 「耶和華是應當稱頌的，祂救了你們脫離埃及人和法老的手，將這百姓從埃及人的手下救出來。我現今在埃及人向這百姓發狂傲的事上，得知耶和華比萬神都大。」(出18:10-11)

後來葉忒羅向神獻上燔祭及平安祭，並與亞倫及以色列眾長老吃飯。不論他對神的認識是否來自摩西，以他這個外族人，卻被稱作神的祭司，就可以看出神的救恩並不侷限於以色列人。

3. 喇合—耶利哥的妓女

耶利哥城的妓女喇合雖是是迦南人，但是她卻從神的作

為看出「耶和華你們的神，本是上天下地的神」(書2:11)。因此她以信心保護了以色列人的探子(書2:1-21)，而在耶利哥城陷落時得救(書6:22-25)。她甚至被列在希伯來書的「信心偉人」之列(來11:31)。

不但如此，她後來與猶大支派的撒門結婚(有人推測撒門可能是兩個探子之一)，成為波阿斯的母親，大衛的高祖母，也就是耶穌的祖先(路得4:21；馬太1:5)。在馬太福音的耶穌家譜中，所有的妻子名字中只列了他瑪、喇合、路得及拔示巴 7四位外邦女子的名字，就是要凸顯這些外邦女子都是因著「信心」而蒙恩的事實。

4. 路得─摩押的女子

依據摩西的律法，摩押人原本被禁止入以色列人的會(申23:3-6)，因此是在神的「立約之民」以外。但是摩押女子路得卻因著她的信心，成為蒙恩的人。她在丈夫死後，沒有選擇回到娘家，卻選擇跟從婆婆拿俄米，並對她說：「妳的國就是我的國，妳的神就是我的神。」(得1:16)。這個決定使路得成為蒙恩的人，她與所有舊約中得救的人一樣，也都是「因信稱義」的。

她後來成為波阿斯的妻子，也就是大衛的曾祖母。因此在耶穌的家譜中，路得也與她的第二個婆婆喇合同列(馬太1:5)，成為外邦人中因信得救的榜樣。

5. 乃縵─亞蘭的將軍

在列王記中，亞蘭國的將軍乃縵是一個外邦人得救的範例。首先，他是透過他的以色列婢女，才知道先知以利沙的(王下5:2-3)。這個無名的小婢女，雖是因戰亂被擄，卻在

異邦成了傳福音的「宣教士」。她對主人的忠心，及對神的信心，使她憑信心宣告神的大能。她後來不但使她的主人乃縵的身體得醫治，更使他的靈魂也得救了。

乃縵起初有些傲慢的態度(王下5:11-12)，至終則也因信心而得救。他蒙醫治後，就成為敬虔的信徒，從此不再向別神獻祭(王下5:17)。耶穌也曾以他為例(路加4:27)，指出有些外邦人信心更大。

第三節　其他舊約歷史書中有關宣教的重要經文

1. 列國有時是神管教以色列人的「工具」

士師記一開始就表明：神要留下一些迦南人留在迦南地，為要試驗以色列人，看他們是否遵行神的道(士2:22)。而且神也一再興起周圍外邦的仇敵，來壓迫那些離棄神的以色列人(士2:14-15)。整本士師記，一共有七個以色列人「行惡→受壓→哀求→得拯救」的循環，就是在描述以色列人如何一而再、再而三地背棄神，以致於落在神的管教之中的光景。所以外邦的列國，常常是神用來管教以色列民的「刑杖」。

在以後列王的歷史中也是如此。當所羅門王因異族妃嬪的誘惑而拜偶像時，神就興起以東人及亞蘭人與他為敵(王上11:14,23-25)。北國以色列的列王都是「行耶和華眼中看為惡的事」，最後被亞述帝國所滅。列王記的作者在評論以色列國的滅亡時，說：

> 猶大人也不遵守耶和華他們神的誡命，隨從以色列人所立的條規。耶和華就厭棄以色列全族，使他們受苦，把他們交在搶奪他們的人手中，以致趕出他們離開自己面

前。(王下 17:19-20)

後來以色列的十個支派在被擄後，就在人類歷史上消失了。猶大國被擄的「餘民」，則在洗心革面之後，才戒絕了拜偶像的惡習。

2. 所羅門王獻殿的禱告(列王記上第八章；歷代志下第六章)

當所羅門以七年的工夫，建成了美輪美奐的聖殿之後，他舉行盛大的獻殿禮拜。然後他代表會眾作了一個禱告(王上8:22-53; 代下6:12-42)。這是一個極為重要的禱告，因為這不僅僅是一個人的禱告，也不是代表一個人的心願而已。所羅門作為一個屬神會眾的代表，他的禱告是在聖靈的引領之下的，因此表達出神對祂百姓的心意。

值得注意的是，所羅門的禱告的涵蓋性極廣。他為百姓因犯罪而遭遇災難後認罪悔改，而一再地求神「垂聽而赦免」(王上8:30,34,36,39,49-50)。他提到了乾旱、戰爭甚至被擄等災難，而這些在以後以色列國及猶大國的歷史中都一一應驗了。但是所羅門的禱告中最突出的，則是他為外邦人的代求：

> 論到不屬你民以色列的外邦人，為你名從遠方而來，
> (他們聽人論說你的大名，和大能的手，並伸出來的膀
> 臂)向這殿禱告，求你在天上你的居所垂聽。照著外邦
> 人所祈求的而行。使天下萬民都認識你的名，敬畏你像
> 你民以色列一樣。又使他們知道我建造的這殿，是稱為
> 你名下的。(王上 8:41-43)

在這個禱告中，神的心意表達得很清楚。祂的目的是要「使世上的萬民都知道唯獨耶和華是神，並無別神」(8:60)。

因此這殿被稱為是「萬民禱告的殿」(賽 56:7；可 11:17)，這才是神要所羅門建殿的目的。

3. 示巴女王朝見所羅門王(列王記上十章；歷代志下第九章)

另一段有關列邦的經文，也與所羅門王有關，就是示巴女王來朝見的事。示巴女王不但是因慕所羅門王之名而來，她也因此親眼目睹神的智慧與尊榮，所以她從心裡發出讚嘆：

> 耶和華你的神是應當稱頌的，祂喜悅你，使你坐祂的國位，為耶和華你的神作王。因為你的神愛以色列人，要永遠堅立他們，所以立你作他們的王，使你秉行公義。(代下 9:8)

所以示巴女王以及「普天下的王」都來求見所羅門王，為「要聽神賜給他智慧的話」(王上 10:24；代下 9:23)。其實這些眾王聚集來朝見所羅門王，不正是將來萬國的民眾聚集到耶路撒冷，來瞻仰神榮美的寫照嗎？

1　賈禮榮：《宣教神學的聖經基礎》，東南亞聖道神學院，1980，第7頁。

2　同上，第 10 頁。

3　Walter C. Kaiser Jr., **Mission in the Old Testament,** Baker, 2000, p.21.

4　同上，p.22。

5　同上，p.23。

6　賈禮榮：《宣教神學的聖經基礎》，第 11-12 頁。

7　拔示巴雖然不確定是否為外邦女子，但是因為她嫁給赫人烏利亞為妻，所以她即便不是赫人，也因烏利亞的緣故被算為外邦女子了。

第二章
詩歌智慧書中的宣教

第一節　詩篇的「普世」胸懷

詩篇雖然是讚美及祈禱的詩集，但是充滿了「普世」(Universalism)的胸懷。在一百五十首詩篇中，至少有175處提到「列邦」、「萬國」、「萬民」等字眼。因此有人說，詩篇乃是宣教文學最偉大的代表作[1]。從詩篇中，我們可以歸納出下列幾個神的特質：

1. 祂是萬物的創造者

神是創造者，因此整個世界及宇宙，都在見證神的存在及榮耀(詩19:1)，這是無法也不必用言語來形容的。但是這樣的認知，卻又無時無刻不在發出信息，所以可以說「祂的言語傳到地極」(詩19:4)。這種所謂的「一般啟示」(General Revelation)是在各民族的文化中，都普遍存在的。中國的老子在《道德經》聲稱「道可道，非常道；名可名，非常名。」；哲學家康德說，浩瀚的星空令他感到敬畏，都是在回應這種感受。

另一方面，神又以恩典來供應人類的需要，也以慈愛來「覆庇祂一切所造的」。因此神一切所造的，都要稱謝祂(詩145:9-10)。

然而這種「神創造萬物」概念，並不是在各宗教中都普遍存在的。相反地，專門研究各民族原始宗教的文化人類學家發現，在所有的多神論或泛神論宗教中，幾乎都沒有「創造之神」的觀念。佛教也以「緣起緣滅」一語帶過宇宙起源

的問題。所以詩篇的作者能說：

> 因耶和華爲大，當受極大的讚美。
>
> 祂在萬神之上，當受敬畏。
>
> 外邦的神都屬虛無，惟獨耶和華創造諸天。(詩96:4-5)

2. 祂是公義的審判者

　　詩篇第九篇的作者大衛歌誦神，因為神是公義的，祂將審判世界(詩9:7-8)。這個審判是包括「萬民」的，連「忘記神的外邦人」(詩9:17)，也不得逃脫。他們終必知道，「自己不過是人」(詩9:20)。但是世上的萬國都將快樂歡呼，因為神必「按公義審判世界，按祂的信實審判萬民。」(詩96:13)

　　然而神的公義，卻也正是萬民得到救恩的依據：

> 耶和華在祂一切所行的，無不公義；在祂一切所作的，都有慈愛。
>
> 凡求告耶和華的，就是誠心求告祂的，耶和華便與他們親近。
>
> 敬畏祂的，祂必成就他們的心願，也必聽他們的呼求，拯救他們。(詩145:17-19)

3. 祂是列國的統治者

　　神是全地的統治者，然而歷代世上的君王、統治者、領袖們，都曾想要逼迫基督和祂的信徒。但是耶路撒冷教會的信徒知道，彼拉多、猶太公會及祭司們所作的事(徒4:23-31)，正應驗了詩篇第二篇1-2節的預言。可是耶路撒冷教會的信徒也確信，至終基督要作王統治列國(詩2:8-11)，現在的逼迫、患難不過是暫時的，所以他們越發放膽傳主的福

音。

可拉的後裔雖然被擄到巴比倫，他們所寫的幾首「流離之歌」(詩篇42-49篇)中，卻有幾首「信心的凱歌」，他們深信耶和華將在寶座上統治萬國。例如詩篇47篇就是一個很有代表性的例子。

> 你們要向神歌頌、歌頌，向我們王歌頌、歌頌。
> 因為神是全地的王，你們要用悟性歌頌。
> 神作王治理萬國，神坐在祂的聖寶座上。
> 列邦的君王聚集，要作亞伯拉罕之神的民，
> 因為世界的盾牌是屬神的，祂為至高。(詩47:6-9)

因此，耶和華將不僅是以色列一邦一國之神，而是像所羅門的詩所說的：「諸王都要叩拜祂，萬國都要事奉祂。」(詩72:11)

4. 祂是選民的救贖者

耶和華也是祂百姓的救主，祂「救回祂被擄的子民」(詩14:7)，並且「從各地：從東、從西、從南、從北所招聚來的」(詩107:3)，使以色列歡喜。在地上的萬族中，以色列人與神有獨特的關係。其他的民族都是神所造的，也是神所統治的，然而只有以色列是祂所救贖的。但是這福分永遠只限定給以色列人嗎？其他的人也能分享嗎？在詩篇裡似乎已經為我們打開了一扇門：

> 耶和華啊！你用恩惠待你的百姓，求你也用這恩惠記念我，開你的救恩眷顧我。
> 使我見你選民的福，樂你國民的樂，與你的產業一同誇耀。(詩106:4-5)

　　這裡的「我」，顯然與「你的百姓」有所區別，但是卻一同蒙恩。因此，這蒙救贖的「選民」，將包括所有因信稱義的人。

5. 祂是萬國敬拜的對象

　　在將來，萬國都要一起來敬拜耶和華。神說：「我要提起拉阿伯和巴比倫人是在認識我之中的」(詩87:4)。不但如此，列國的人都要來歸向耶和華：

> 地的四極，都要想念耶和華，並且歸順祂；
> 列國的萬族，都要在你面前敬拜。
> 因為國權是耶和華的，祂是管理列國的。(詩22:27-28)

　　賈禮榮引用布拉奧的話說：「耶和華所造的萬民（詩86:9），必成為屬祂的列國（詩87），只有祂能呼召他們來就近祂。列邦歸向神，不是因為以色列人的號召，也不是他們前往列邦去見證祂。乃是藉著神與以色列特別的同在和保守來見證神。單單藉著神同在的見證，他們認識耶和華是他們的神，承認以色列的神是他們的神，是全地的神，也是獨一的神。」[2]

第二節　宣教的詩篇

　　我們若仔細研讀，我們會看出許多詩篇可以算是「宣教的詩篇」，其中詩篇第 2，22，33，66，67，72，87，96，98，117，145 等篇，是最明顯的作品[3]。我們將以詩篇第 67 及 96 篇來作為範例，來詳加討論。

1. 詩篇第 67 篇

　　這首詩篇被稱為是「舊約中的『我的天父』(Pater

Naster)詩歌」[4]。這詩篇的第一節「願神憐憫我們，賜福與我們，用臉光照我們」，與詩篇4:6；31:16及80:3,7,19一樣，都是依據祭司為以色列人的祝福：

> 願耶和華賜福給你，保護你；
> 願耶和華使祂的臉光照你，賜恩給你。
> 願耶和華向你仰臉，賜你平安！(民數記 6:24-26)

此外，此詩篇的祝福與神對亞伯拉罕的應許(創12:2-3)相呼應。所以這詩篇雖由為以色列人求福開始，但是最後卻也延伸至遠方的「列邦」及「萬民」。正因為如此，這首詩篇被稱為是「宣教詩篇」。猶太人經常在五旬節時唸頌此詩篇，由於聖靈降臨正是在五旬節(徒2章)，所以其與宣教的關連性是非常突出的。

這詩篇可以分為三段，而以重複兩次的「神阿！願列邦稱讚你，願萬民都稱讚你！」(第3及第5節)為分隔。

第一段(1-3節)　以色列人及所有的信徒要來稱頌神的第一個原因，是因為神的恩慈。神並不是因為偏愛以色列民，所以才賜福與他們。而信徒之所以祈求神繼續賜福與以色列的百姓，為要叫「世界得知你的道路，萬國得知你的救恩」(2節)。所以這段結束時，詩人邀請「列邦」及「萬民」來一起向神獻上讚美。

第二段(4-5節)　以色列人及所有的信徒要來稱頌神的第二個原因，是因為神將治理全地。他的治理是公正的，而且祂將像「好牧人」般，引導祂的百姓。所以這段結束時，詩人再度邀請「萬民」及「萬國」來一起向神獻上讚美。

第三段(6-7節)　以色列人及所有的信徒要來稱頌神

的最後一個原因，是因為神是善良美好的。祂賜下百物給世人享用，所以萬民都當敬畏祂、感謝祂。這裡的「敬畏」不是恐懼戰兢，而是由信賴而產生的「敬重之心」。這種對神的敬畏，是智慧的開端(箴言 9:10)，因為敬畏神的人(就是願意順服神的人)，將展開一個嶄新的人生、聖潔的生活及與神的關係。以色列人就是要藉著這種分別為聖的生活，來見證主、宣揚福音，並吸引萬民來歸向主。

2. 詩篇第 96 篇

這是另一首極有代表性的宣教詩歌，其中有不下11次提到「全地」、「列邦」、「萬民」、「萬族」等字眼。這首詩篇屬於詩篇93-100這組詩篇的一部份，都是在肯定耶和華在全地作王的事實。同時，有人注意到這首詩篇與以賽亞書40-66章之間的關係。但是目前我們只能說，這兩者可能有同樣的神學傳統而已，並不能確定詩篇96篇的作者是否依據以賽亞書而寫下這首詩。這首詩篇可以分成四段：

A　宣告普世的頌讚(1-3 節)
　　B　耶和華的尊榮(4-6 節)

A'　宣告普世的頌讚(7-9 節)
　　B'　耶和華的治理(10-13 節)

這裡的「傳揚」(2節)在希伯來原文是「宣告好信息」之意，也就等於新約的「傳福音」之意 [5]。然而此處的「救恩」(2節)卻未明白地顯示是指什麼，可能泛指神在救贖歷史中的作為。但是詩人呼召列邦及萬民來敬拜耶和華的呼聲，卻是極為清晰的。這在其他的詩篇中，也可以找到同樣「向心式」的呼召：

我也要在君王面前，論說你的法度，並不至於羞愧。
(詩 119:46)

當耶和華將那些被擄的帶回錫安的時候，我們好像作夢的人。

我們滿口喜笑，滿口歡呼的時候，外邦人中就有人說：「耶和華爲他們行了大事！」

耶和華果然爲我們行了大事，我們就歡喜。(詩126:1-3)

耶和華阿！你一切所造的都要稱謝你。

你的聖民，也要稱頌你，傳說你國的榮耀，談論你的大能。

好叫世人知道你大能的作爲，並你國度威嚴的榮耀。
(詩 145:10-12)

第三節　智慧書與宣教

在詩篇以外的其他詩歌智慧書中，不常有關於宣教的題材。但是我們仍然可以看見一些零星的片段，對於神的救恩計畫，和神的「普世」胸懷略窺一二。

1. 約伯記

依據大多數舊約學者看法，約伯是「族長時期」的人物，可能比摩西還早。但是由於約伯不是亞伯拉罕的族裔，他對神、對救恩的認識從何而來？我們無從得知。也許正如麥基洗德一般，神特別在以色人以外揀選了少數人，並向他們啟示。

在約伯與他的三個朋友的辯論中，首先，約伯承認神的大能及創造(9:4,8-10)，也承認任何人在神面前都不能自以爲義(9:1)。但是同時他又對神的救贖之恩深信不移，他

說：

> 我知道我的救贖主活著，最後祂必在地上興起。
>
> 我的皮肉遭受毀壞以後，這事就要發生，我必在肉體以外得見神。
>
> 我必見祂在我身邊，我要親眼見祂，並非外人，
>
> 我的心腸在我裡面渴想極了。(19:25-27，新譯本)

雖然在約伯的時代，對「救贖主」的認識可能還很曖昧，但是他對神的信心，卻是不容置疑的。因此約伯對神的敬畏，及他對救恩的認識及信心，是他被神稱為「義人」的主要原因。

2. 箴言

在箴言中，直接有關宣教的信息不多。但是書中的「智慧」曾以擬人化的方式，作下面的自我介紹：

> 在耶和華造化的起頭，在太初創造萬物之先，就有了我。
>
> 從亙古、從太初、未有世界以先，我已被立。
>
> 沒有深淵、沒有大水的泉源，我已生出。
>
> 大山未曾奠定，小山未有之先，我已生出。
>
> 耶和華還沒有創造大地和田野，並世上的土質，我已生出。
>
> 祂立高天，我在那裡。……
>
> 那時，我在祂那裡為工師，日日為祂所喜愛，常常在祂面前踴躍。
>
> 踴躍在祂為人預備可住之地，也喜悅住在世人之間。(箴8: 22-31)

雖然在此的「我」是將「智慧」予以擬人化的表達方式[6]，但是從另一個角度來說，這「智慧」也可以遙遙指向那

位「道成肉身」的基督，因為萬物都是藉著祂造的。

1 George W. Peters, *A Biblical Theology of Missions,* Moody Press, 1972, p.116.

2 賈禮榮：《宣教神學的聖經基礎》，東南亞聖道神學院，1980，第 18 頁。

3 George W. Peters, *A Biblical Theology of Missions,* p.116; Walter C. Kaiser Jr., *Mission in the Old Testament: Israel As A Light to the Nations,* Baker, 2000, p.30.

4 Walter C. Kaiser Jr., *Mission in the Old Testament: Israel As A Light to the Nations,* p.30.

5 同上，p.34.

6 Derek Kidner, *Proverbs: Tyndale O.T. Commentaries,* IVP, 1964, p. 78.

第三章
先知書中的宣教

第一節　眾先知有關「萬民」的信息

所有的先知們，對神在宣教及救贖的心意都表達的很清楚。在以色列及猶大的先知們，都提到了神救恩的「普世」胸懷。以下只是一些代表性的先知及他們的信息。

1. 西番雅

先知西番雅的信息，主要是強調猶大國將面臨的審判。但是他也提到這審判也將臨到地上的萬國，為要使萬國尊崇耶和華，因為「列國海島的居民各在自已地方敬拜祂」(2:11)。神說：「那時，我必使萬民用清潔的言語，好求告我耶和華的名，同心合意的事奉我。」(3:9)

2. 哈巴谷

哈巴谷一方面為猶大國的罪而傷痛，另一方面更為神以兇殘的巴比倫人來管教猶大人而震驚不已。他在痛苦中質疑神的公義，神的回答是：

　　1)「惟義人必因信得生」(2:4)。

　　2) 全世界都將看見神的榮耀，因為「認識耶和華榮耀的知識，要充滿遍地」(2:14)。

　　3) 全世界的人都當「肅靜靜默」在神面前敬拜祂(2:20)

3. 何西阿

何西阿是少數的北國以色列先知之一，因此他的信息以

斥責以色列的罪，並呼召他們悔改與神和好為主，很少提到普世的信息。然而神卻藉著何西阿的妻子在淫亂所生的孩子的名字，宣告神的計畫與心意：

> 素不蒙憐憫的，我必憐憫；
> 本非我民的，我必對他說：「你是我的民。」
> 他必說「你是我的神。」(2:23)

4. 彌迦

彌迦是與以賽亞同時代的先知，他有關普世救恩最有名的信息乃是：

> 末後的日子，耶和華殿的山必堅立，超乎諸山，高舉過於萬嶺。
> 萬民都要流歸這山。
> 必有許多國的民前往，說：「來吧！我們登耶和華的山，奔雅各神的殿。主必將祂的道教訓我們，我們也要行祂的路。」
> 因為訓誨必出於錫安，耶和華的言語必出於耶路撒冷。(4:1-2)

先知以賽亞也曾引用彌迦的這段名言(賽 2:2-3)，而這段話也基本上總結了舊約時代「向心式」的宣教概念。

5. 耶利米

先知耶利米處在國破家亡的時刻，信息格外地沉重。雖然他苦口婆心的規勸，卻無法力挽狂瀾，猶大國的景況有如江河日下，使他流淚不已。因此他有關普世救恩的信息不多。但是他曾預告「列國必因耶和華稱自己為有福，也必因他誇耀。」(4:2)。另外，當他提到將來的日子時，他也預

言：

> 那時，人必稱耶路撒冷為耶和華的寶座，萬國必到耶路
> 撒冷，在耶和華立名的地方聚集。
> 他們不再隨從自己頑梗的惡心行事。(3:17)

6. 撒迦利亞

在被擄歸回的先知中，撒迦利亞特別關注有關末日的預言。因此，在末日的審判中，列國的結局也成為他信息的重點。他提到許多國家將「歸附耶和華作祂的子民」(2:11)。同時，「必有列邦的人和強國的民，來到耶路撒冷尋求萬軍之耶和華，懇求耶和華的恩。」(8:20)。並且在末日爭戰之後，所有列國中的「餘民」，都將一起敬拜神(14:16-19)。

第二節　約拿—宣教的先知？

約拿是一位很有爭議性的先知。有人高舉他，稱他為「最偉大的宣教士」，因為他曾被神差遣到亞述帝國宣告神的審判，結果使首都尼尼微全城悔改。但是也有人對他持懷疑的態度，稱他為「逃跑的先知」，認為他「死不悔改」。到底約拿算不算是「宣教的先知」？這是個見仁見智的問題。不過值得注意的是：

1. 約拿是逃避神，拒絕向外邦人傳福音的先知(1:3)。

約拿基於猶太民族的利益，拒絕神對他的呼召，不肯前往尼尼微去宣告神的審判。他寧可讓亞述人死在神的審判之下，卻不願意讓亞述人有悔改的機會。然而神卻將約拿自前往他施(即西班牙)的船上拋入海中，並使他被大魚所吞。

約拿在魚腹中的認罪禱告似乎是言不由衷的，因為當他

到了尼尼微城，在這座要走三日才走得完的大城，他居然只宣告了一日就「停工」了！可見他還是心不甘、情不願的去尼尼微。然後他在尼尼微城外搭了一帳棚，他要等著看四十天後神毀滅尼尼微的好戲。你可以想像有這種的「宣教士」嗎？

但是很奇妙地，尼尼微全城人，上自亞述王，下至販夫走卒都悔改了，連牛羊都一起披麻蒙灰！因此神「轉意」(原文是「後悔」)不降原先宣告的災難。約拿卻還為神的慈悲憐憫而大發烈怒呢！可見約拿的民族意識，已經使他屬靈的眼睛被矇蔽，看不見神的心意了，這是多麼可惜的事！

2. 神要約拿去向亞述人傳遞的是毀滅的「禍音」，而非拯救的「福音」。

從另一個角度來看，神要約拿宣告的，乃是一個審判與毀滅的「禍音」，而非拯救的「福音」。雖然尼尼微人仍有悔改的機會，可以逃避這一次的災禍，但是他們還是在神的諸約之外，沒有指望、沒有神。

所以約拿的任務與角色，與今日的「宣教士」仍有分別。約拿並沒有奉差遣去讓亞述人認識耶和華，沒有教導他們如何與神建立恆久的關係，亞述人也不知道如何敬拜神。當然，由於基督尚未「道成肉身」，十字架的救恩也尚未完成，約拿和其他先知一樣，暫時還沒有完整的「福音」可以傳給外邦人。

3. 然而神關懷所有人類的胸懷卻昭然若揭

但是約拿記中清楚地將神對人類的關懷表露無餘，因此約拿的「以色列中心主義」與神的「普世」胸懷形成強烈的

對比。神關心的是尼尼微城裡有十二萬不能分辨左右手的孩童(4:11)，因此他差派約拿去傳達審判的信息，給尼尼微人再一次悔改的機會。因為神「斷不喜悅惡人死亡，惟喜悅惡人轉離所行的道而活」(結 33:11)。

所以，雖然約拿不一定是宣教士的典範，但是約拿書卻傳達了舊約中最清晰的宣教信息，也是舊約中最重要的宣教文獻之一。

第三節　以賽亞—最有普世宣教異象的先知

在所有的先知書之中，以賽亞書不僅篇幅最長，而且所包含的彌賽亞預言最多，有關普世救恩的信息最明確也最豐富。因此以賽亞書不但是先知書的「經典之作」，以賽亞本人才是名符其實的「宣教的先知」。在以賽亞書中，有幾點是最為突顯的：

1. 以色列民族是「神的僕人」

1) 以賽亞書中，至少有18次提到「神的僕人」。其中有14 次是指以色列民族(41:8-9; 42:19; 43:10; 44:1-2, 21,26; 45:4; 48:20)，另外有四次通常稱為「僕人之歌」(42:1-9; 49:1-13; 50:4-9; 52:13-53:12)，一般學者公認是指彌賽亞。

2) 以色列人做為神的僕人，他們的任務是：

A. 作神的「見證」

神很清楚的指明，以色列人是祂的見證(43:10, 12；44:8)。神稱他們為「我的僕人雅各，我所揀選的以色列」，他們要使世人知道，只有耶和華是

真神，除祂以外沒有救主，除祂以外沒有別神(44:
1-8)。

B. 作神的「使者」

以色列民族又被稱為神的「使者」(42:19; 44:
26)，他們有從神而來的信息，要對世人宣告，這
是他們無可推諉的責任。因此，以色列人蒙選，不
是做為神祝福的「儲藏所」，而是做為神恩典流通
的「管道」[1]。

2. 以色列國「宣教」的特質[2]

1) 這宣教是「神指派的」

神常常提醒以色列人，祂自己是創造他們(43:1,
15)、造作他們(43:1,7; 42:2; 44:24)、救贖他們(43:
1,14; 44:6,22,23)的神。而神揀選他們的目的，就是
要叫他們「述說神的美德」(43:21)。因此，宣教不是
以色列人自己的野心或念頭，更不是某一些人的計畫
或遠見，宣教是神自己主動的行動。

所以，舊約中如果有所謂的「宣教士」，那就是
神自己。因為是神呼召萬國來到耶路撒冷來敬拜祂。

2) 這宣教是「神為中心的」

在以賽亞的信息中，是以這位耶和華神為中心的。祂
不但是獨一的真神，也是唯一的救主。

A. 祂是獨一的真神

以賽亞一而再、再而三地強調：耶和華神是獨
一無二的真神(43:10; 44:6,8；45:5,6,14,18,21,

22)。特別在神的創造上，更顯出祂是獨一的。事
實上直到如今，人類學家發現，全世界所有的多神
論的宗教，所拜的神靈雖多，卻沒有一位是「造物
主」。而只有一神論的宗教才有「造物主」的概念。

B. 祂是唯一的救贖主

另外，耶和華神是救贖主也是一再重複的主題
(43:11; 45:21-25; 46:12-13; 48:17,20; 49:26)。
只有神能拯救，沒有任何其他的力量可以攔阻神
(43:13)。偶像是虛無的，它們無力救贖也不能自救
(44:9-20; 46:5-7)。

3) 這宣教是「指向萬民的」

A. 彌賽亞要成為「外邦人之光」

在四首「僕人之歌」中，以賽亞提到這位彌賽亞
時，多次用「外邦人之光」這個頭銜(42:6; 49:6)。也
就是強調祂的救恩不是侷限在以色列人之中，因為
「祂必將公理傳給外邦」(42:1)，這公理乃是「萬民之
光」(51:4)，祂要「施行神的救恩，直到地極」(49:
6)。因此連外邦人也能因為看見這光，而同享福音
的祝福(60:1-3)。

B. 外邦人要歸向神(65:1)

同時，先知以賽亞也提到外邦人歸向神的情
景。除了在2:2-3他曾引用彌迦書4:1-2的名言外，
他也提到在末後的日子，「耶西的根立作萬民的大
旗，外邦人必尋求祂」(11:10)。人們從四面八方來
投奔耶和華(60:4-7)，甚至那些「你素不認識的國

民，你也必招來；素不認識你的國民，也必向你奔跑」(55:5)。

　　雖然這些歸向聖地的人中，有許多是寄居在世界各地的以色列人(43:5-7; 49:22)，但是也不排除包括外邦人的可能性。最奇妙的是，這些從東西南北來的群眾之中，還包括了來自「秦國」的人(49:12)。這「秦國」是哪裡呢？過去就有很多聖經學者認為是指中國[3]。雖然「秦國」是否真的指中國仍有爭議，但是這段經文表明將來世界各地的人，不分種族、膚色、地域，都將歸向神。

C. 外邦人也要蒙拯救

雖然以色列人曾在埃及寄居為奴，埃及也常是以色列人的仇敵，但是以賽亞卻預言說：

　　當那日…. 耶和華必被埃及人所認識，

　　在那日，埃及人必認識耶和華，也要獻祭物和供物敬拜祂，並向耶和華許願、還願。(19:21)。

　　而亞述不但滅了北國以色列，甚至將以色列的十個支派擄到外邦，使他們流落異邦終致消失。但是耶和華卻藉以賽亞的口宣告：

　　埃及人要與亞述人一同敬拜耶和華。

　　當那日，以色列必與埃及、亞述三國一律使地上的人得福。

　　因為萬軍之耶和華賜福給他們說：「埃及是我的百姓，亞述是我手的工作，以色列我的產業，都有福了。」(19:23-25)

D. 神要差派人到列邦傳福音

這些外邦人將如何歸向神呢？神將差派福音的使者，就是那些忠心的「餘民」，到他們中間去，領他們來認識神(66:19)。而且，以賽亞進一步宣告說：

> 那些與耶和華聯合的外邦人，要事奉祂。
> 要愛耶和華的名，作祂的僕人。……
> (神說)「我必領他們到我的聖山，使他們在禱告我的殿中喜樂。
> 他們的燔祭在我的壇上必蒙悅納，
> 因為我的殿必稱為萬民禱告的殿。」
> 主耶和華(就是招聚以色列被趕散的)說：「在這被趕散的人以外，我還要招聚別人歸併他們。」
> (56:6-8)

所以，神將來甚至要從列邦中挑選人作祭司來事奉祂(66:21)。也就是說，將來萬國的人不但將與以色列人「同蒙應許、同為後嗣」，而且還將與他們共同承擔事奉的責任和特權。這是舊約聖經中，有關宣教的普世性最高的表白。

3. 以賽亞書中其他重要的宣教經文

1) 保羅所引用的經文

保羅在羅馬書第九至十一章中，曾多次引用先知以賽亞的話，來作為他闡明福音奧秘的依據。下表可以看出他引用的出處：

羅馬書	以賽亞書
9:20	29:16; 45:9
9:27-28	10:22-23
9:29	1:9
9:32	8:14
10:11	28:16
10:15	52:7
10:16	53:1
10:20	65:1
10:21	65:2
11:8	29:10
11:26-27	59:20-21

所以，以賽亞書不但是舊約中保羅最喜愛引用的經文來源，而且在以賽亞書中，保羅也可以找到最多有關宣教及福音真理的依據。

2) 著名的宣教講章

被稱為「近代宣教之父」的克里威廉(William Carey)曾在 1792年，他即將啟程赴印度宣教時，發表他著名的演講：《期待神作大事，竭力為神作大事》(Expect great thing from God, attempt great thing for God)。在這篇演講中克里威廉呼籲信徒要承擔起宣教的責任來。在演講的末了，他引用以賽亞書 54:2-3 的話來作為結束：

> 要擴張你帳幕之地，張大你居所的幔子，不要限止。
> 要放長你的繩子，堅固你的橛子。
> 因為你要向左向右開展，你的後裔必得多國為業，又使荒涼的城邑有人居住。

因此這段經文，成為日後宣教士最喜歡引用的經文之一。

1 George w. Peters, *A Biblical Theology of Missions,* Moody Bible Institute, p.94.

2 同上, p.124-27.

3 「秦國」這個自希伯來文的發音是Sinim或Syene，近代大部分的學者，如Oswalt (NICOT)、Grogan (EBC)、Watts (WBC)等人認為這是指埃及南邊的小城Aswan (後來在此建了一座極大的水電站)。但是Edward J. Young (The Book of Isaiah, Eerdmans, 1972, Vol. 3, p.294) 卻認為翻譯成「秦國」或「中國」仍有可能，因為這是指遠方之處，而Aswan雖有很多猶太人在此寄居，卻離以色列太近，又僅僅是微不足道的小城而已。

第四章
四福音書中的宣教

第一節 四福音中耶穌基督的形象

四本福音書從四個不同的角度來描繪耶穌，由於寫作的對象及目的的不同，這四本福音書對耶穌的描繪也各有不同。

1. 馬可福音

作為彼得門徒的馬可，從使徒彼得那裡得到許多有關耶穌言行的資料，他將耶穌描繪成「神的先知及僕人」：祂傳道(可3:14; 6:12; 13:10; 14:9)、祂趕鬼(可3:15; 6:7,13)、醫病(可6:13)、教導(可6:30)。所以最明顯的總結性經文是：「正如人子來不是受人的服事，乃是服事人；並且捨命，作多人的贖價。」(可10:45)。但是耶穌的受苦及釘死在十字架上，乃是耶穌形象的最高峰。因此耶穌成為所有跟隨祂的門徒之榜樣。

2. 馬太福音

馬太福音則在上述形象之外，強調耶穌「君王」的角色。馬太福音中耶穌的家譜指出基督乃是「亞伯拉罕的後裔」、「大衛的苗裔」，也就是舊約眾先知所預言的那位彌賽亞。此外，當耶穌最後一次進入耶路撒冷時，他兩次被稱為是「大衛的子孫」(太21:9,15)，這與馬太引用以賽亞書62:11及撒迦利亞書9:9相互呼應。換句話說，馬太指出祂就是萬國萬民蒙救贖的希望所寄的「那君王」。

3. 路加福音

　　路加由使徒保羅得到有關耶穌基督的一些新的亮光，特別是關乎祂的角色及職分。路加強調耶穌祭司的角色，祂也是世人的救主，因此路加福音耶穌的家譜追溯至人類的始祖亞當。耶穌出生時天使就宣稱耶穌是「至高者的兒子」(路1:32)，又是「主基督」(路2:11)。因此耶穌的神性是一開始就顯明的。此外，年老的西面在聖殿為耶穌祝福時，稱耶穌為「照亮外邦人之光」(路2:32)，這也呼應舊約先知以賽亞對彌賽亞的預言(賽42:6; 49:6)。

4. 約翰福音

　　約翰福音的結尾清楚地指出，「但記這些事，要叫你們信耶穌是基督，是神的兒子。」(約20:31)。因此約翰福音強調耶穌的神性，在福音書一開頭就介紹耶穌基督是「道」，是照亮世人的「真光」，是神的「獨生子」。在約翰福音中，還特別記載了七個耶穌所行的「神蹟」。而「神蹟」這個字約翰都是用希臘文的「記號」(Signs)，因為約翰要表明，每個神蹟都是指向基督的「記號」。

　　另外約翰福音也特別記載了幾次耶穌自稱「我是……」的經文，如「我是生命的糧」(6:35,51)、「我是世界的光」(8:12)、「我是門」(10:9)、「我是好牧人」(10:11)、「我是道路、真理、生命」(14:6)等。這些自稱都代表了耶穌的某些身分、使命或特質，但是最重要的是，在希臘文中的「我是……」(ego eimi)，是一種強調式的用法。因為希臘文的eimi意思就是「我是」，而ego是「我」。這種重複的「我—我是」詞句，在希臘文的《舊約》七十士譯本中曾用來翻譯出埃及記3章14節神的自稱。因此在猶太人中間，這種

「我是」(ego eimi)的表達法，就成了神的專用語。如今耶穌卻大膽地多次用這個詞來自稱，可以說是清楚地表白了祂的身分。

最後，約翰福音的基督論也強調耶穌是「被父神所差的」，類似的詞句一共出現多達42次以上。因此，約翰福音極為強調聖父與聖子的親密關係。另一方面，耶穌既然是天父所差遣的，所有相信耶穌的人，就是相信差祂來的天父，他就能得永生(5:24)。這種「差派」的概念，有很強的宣教意識，所以耶穌可以算是一個「超級宣教士」。而且耶穌復活之後，祂對門徒的吩咐就是：「父怎樣差遣了我，我也照樣差遣你們。」(20:21)於是這位「被差者」，如今成為「差派者」了。

第二節　對觀福音中的宣教觀

依據大多數聖經學者的共識，馬可福音可能是最早的一本福音書。馬太福音及路加福音在寫作時，可能參考過馬可福音或相同的材料，所以這三本福音書有許多相同的材料及詞句，因此這三本福音書被稱為「對觀福音」(Synoptic Gospels)。

1.「天國」的觀念

耶穌在世時主要的事工是講道，而祂信息的主要內容就是「天國」(或「神的國」)了。但是在對觀福音中，我們也注意到一些特點，例如：

● 「國度」這個字馬可福音用了18次，但是馬太福音就用了51次。

● 「天國」是「登山寶訓」(馬太福音5-7章)的核心觀念。

　　總的來說，「天國」強調的是神的治理，這包括神在信徒心中的治理(也就是說，信徒必須服在神的旨意之下)、神在教會中的治理，及神在世界中的治理。此外，「天國」還有三個「吊詭性」或「悖論式」(paradoxical)的特質 [1]：

A.「天國」既是現在的，又是將來的。

　　當施洗約翰的門徒問耶穌，祂是否那「要來的」彌賽亞時，耶穌以先知所預言的「瞎子看見、瘸子行走、痲瘋病者得醫治、'聾子得聽見、死人復活、窮人有福音傳給他們」來回答他們(太11:4-5；加7:22；賽29:17-19;35:5-6;42:6-7;61:1-2)。換句話說，「禧年」不是在將來，而是已經在眼前了(太4:17；可1:15)，祂又說「神的國就在你們心裡」(路17:20-21)。

　　然而天國的某些層面，卻只有當門徒「看見人子從天降臨」(太16:28；路9:27；可9:1)時才會實現。例如只有當主耶穌再臨時，門徒們才能與祂同享天國的筵席(太8:11-12;26:29；路13:28-29;22:18, 28-30；可14:25)。所以「天國」雖然已經來到，卻也尚未完全彰顯 [2]。

B. 「天國」既是「好消息」，也是「壞消息」。

　　耶穌不但帶來救贖的「福音」，也宣揚審判的「壞消息」。因此，一方面無論是猶太人或外邦人，都可以因著相信而得救。但另一方面，耶穌也強調引到永生之路是小的，門是窄的，找到的人很少(太7:13-14)。耶穌在橄欖山最後的勸勉中(太24:45-25:46)，指出那忠心有見識的僕人、聰明的童女、善於投資的僕人、及綿羊，都得到賞賜；但是那些醉酒的惡僕、愚拙的童女、又惡又懶的僕人及山羊，都將面臨審判。另外還有麥子和稗子的比喻(太13:24-30, 36-

43)，撒網到海裡的比喻(太13:47-50)，也都是強調「分別」的原則。而彌賽亞的筵席的比喻(太22:1-13)，也提醒門徒們要預備回應神的呼召，因為「被召的人多，選上的人少。」(太 22:14)

C.「天國」雖然開始是「微小的」，卻將成長為極其「龐大的」。

有三個比喻可以表明這個真理。芥菜種的比喻(太 13:31-32；可4:30-32；路13:18-19)說明天國雖然像芥菜的種子一樣比百種都微小，卻將長成比各樣的菜都大。麵酵的比喻(太 13:3；路 13:20-21)則強調天國的感染力是極大的。最後，五穀由撒種到成長的過程(可 4:26-29)，雖是「無從知悉的」，卻是必然的結果。

2. 福音只限於以色列人嗎？

耶穌的宣教範圍主要是在巴勒斯坦，似乎只專對猶太人。祂甚至說：「我奉差遣不過是到以色列家迷失的羊那裡去。」(太15:24)。祂也曾吩咐門徒說：「外邦人的路，你們不要走；撒瑪利亞人的城，你們不要進。寧可往以色列家迷失的羊那裡去。」(太 10:5-6)。從這些方面看來，宣教的對象與範圍似乎是「特定性」(particularism)的，與所謂宣教的「普世性」(universalism)是相互矛盾的。

然而不要忘記耶穌自己卻有幾次向外邦人傳福音的記載：例如祂醫治迦百農羅馬百夫長之僕(太8:5-13)、為格拉森人趕鬼(可5:1-20)、醫治迦南婦人之女(太15:21-28)、與撒瑪利亞婦人談道(約4:1-30)等。耶穌也曾越過撒瑪利亞，前往羅馬統治的外邦人中去做傳道與醫病的工作，因此祂的名聲傳遍了敘利亞和低加波利等外邦人之地(太4:24-25)。

難道耶穌言行不一嗎？還是有更好的解釋？

　　首先我們要明白，正如哈維(John D. Harvey)所指出的
[3]，馬太福音中將救恩的歷史分為四個階段：(1)律法和先知
時期；(2)耶穌宣告天國信息的時期；(3)門徒宣告彌賽亞來
臨的時期；(4)主再來的時期。在第一和第二個時期，宣教
事工分別由「先知」施洗約翰及耶穌來執行，但是對象主要
都是以色列人。但是到了第三階段，宣教就轉由耶穌的門徒
來推動，對象也擴大到萬國萬民了。至於到最後的時期，則
由天使來執行，對象也是針對萬國萬民。因此耶穌受難前的
宣教事工，是有其階段性的任務與目標，但是並不表示宣教
事工本身在救恩歷史中，是侷限於特定的對象(猶太人)的。

　　此外，耶穌作為承先啟後、繼往開來的人物，祂在地上
三年半的時間是有限的，祂必須集中心力從以色列人開始宣
揚福音，而沒有花太多時間向外邦人宣教。何況在祂釘死復
活以前，贖罪祭的羔羊尚未備妥，外邦人蒙恩之路尚未通
暢，耶穌的事奉對象也只能暫時以以色列人為主。所以賈禮
榮(J. Herbert Kane)說：「明顯的，耶穌的宣教使命是包括
外邦人，不過那是時間的問題。」[4]

　　但是當耶穌從死裡復活之後，一切都改觀了，因為通往
至聖所的幔子已經打開，一條又新又活的路已經備妥，所以
耶穌在最後的「大使命」中，才開始吩咐門徒們要往普天下
去傳福音。

第三節　約翰福音中「道成肉身」的宣教觀

1.「道成肉身」(Incarnation)是宣教的轉捩點

A.「道成肉身」是為了將神那看不見的榮耀彰顯出來

「道成肉身」的第一個目的是要將那看不見的父神，顯給世人看。當摩西要求看見神的榮耀時，神回答摩西說：「你不能看見我的面，因爲人見我的面不能存活。」(出 33: 20)。所以古往今來，沒有人曾清楚見過神的榮耀。然而耶穌基督卻將神的榮耀顯明了。約翰說：「從來沒有人看見神，只有在父懷裡的獨生子將祂表明出來。」(約 1:18)

由於在猶太人的文字中，沒有形容詞。因此當他們要表達一個人的品格或本性時，常用「⋯之子」來代表。所以「黑暗之子」、「光明之子」、「悖逆之子」、「今世之子」等名詞常常出現在聖經中。也就是說，能夠將黑暗、光明、悖逆等抽象概念具體化的人，就是「黑暗之子」、「光明之子」或「悖逆之子」。因為耶穌基督是唯一能將神的榮耀具體而完整地表明的人，所以祂是神的「獨生子」。因此，這「子」與「父」的關係，不是表示先後或大小的關係，而是「具體」與「抽象」的對比。因此在約翰福音中強調：看見聖子，就是看見那差子來的聖父(約 12:45; 14:9)；認識耶穌，也就是認識父神(約 14:7)。

或許老子的《道德經》中的「有」與「無」的微妙關係，也能約略表達出這三位一體之神的「父」「子」關係。老子稱至高無上的「大道」為「無」，但是這「無」不是「一無所有」，而恰恰因為這「大道」太大、太高，以致於「無從捉摸、無法掌握、無法形容」。而「有」則是「有形、有色、具體」的意思。老子認為萬物的生成過程，乃是『無生有，有生萬物』。這與約翰福音所說，萬物是藉著「道」造成的(約 1:3)，似乎不謀而和。

B.「道成肉身」是為了攻破撒旦的權勢

耶穌曾告訴猶太人說：「所有犯罪的，都是罪的奴僕。」(約8:34)因此當神要拯救罪人時，祂必須先攻破撒旦的權勢，所以約翰在他給教會的第一封書信中說：「神的兒子顯現出來，為要除滅魔鬼的作為。」(約壹 3:8) 所以耶穌的「道成肉身」，是完成神救贖計畫必要的一個環節。所以希伯來書的作者清楚地說：

> 兒女既同有血肉之體，祂也親自成了血肉之體。特要藉著死，敗壞那掌死權的，就是魔鬼。並要釋放那些一生因怕死而成為奴隸的人。(來 2:14-15)

C.「道成肉身」是為了做萬人的贖罪祭及挽回祭

先知以賽亞曾預言那要來的彌賽亞，將成為我們的「贖罪祭」(賽53:10)。耶穌自己也曾宣告：「人子來，不是要受人的服事，乃是要服事人，並且捨己，做多人的贖價。」(太20:28)。約翰為耶穌作見證說：「不是我們愛神，乃是神愛我們，差祂的兒子為我們的罪作了挽回祭，這就是愛了。」(約壹4:10)。希伯來書的作者，更藉著舊約牛羊的祭物與耶穌做對比，清楚地表明了耶穌以自己為贖罪祭乃是更美的祭物(來 9:11-28)。保羅也曾指出：

> 神就差遣自己的兒子，成為罪身的形狀，作了贖罪祭，在肉體中定了罪案，使律法的義，成就在我們這不隨從肉體，只隨從聖靈的人身上。(羅 8:3-4)

正因為如此，使徒約翰認為凡靈承認耶穌基督是「道成肉身」來的，乃是出於聖靈，否則就是出於敵基督者的靈(約壹 4:2-3)。今日「耶和華見證人會」及「摩門教」都否認耶穌基督的神性，所以顯明他們是異端。

2.「道成肉身」是歷代宣教士的典範

A.「道成肉身」是代表耶穌基督的「降卑」

「道成肉身」從一個角度來看，是代表耶穌基督的降卑。這一點保羅在腓立比書表達的最清晰：

> 本來有神的形象，卻不堅持自己與神平等的地位，反而倒空自己，取了奴僕的形象，成為人的樣式；既然有人的樣子，就自甘卑微，順服至死，而且死在十字架上。
> (腓 2:6-8 ，新譯本)

因此，耶穌是由父神差遣來到人間的一位「宣教士」。也因為如此，耶穌成為歷代所有宣教士的楷模。當宣教士離鄉背井，來到一個陌生而且落後的地區時，他所感受的挫折感，往往是外人所很難體會的。近年來據統計，有一半左右的新宣教士，在宣教工場工作完第一個任期（約四年）後，就會因挫折感而離職。

所以我們更應該從耶穌的榜樣來學習，祂甘心順服，忍受苦難。宣教士若不能以「道成肉身」的心態來投入事奉，必然會陷入自卑、自憐、怨天尤人的漩渦中去。所以這種願意「降卑」的心志，是做宣教士最起碼的條件。

B.「道成肉身」是代表耶穌基督與軟弱的世人「認同」

另一方面，「道成肉身」也代表耶穌基督與軟弱的世人「認同」。耶穌既有完全的人性，祂也與我們世人同樣會經歷試探與引誘。所以，基督徒在禱告時會覺得與耶穌基督特別親近，正因為我們知道祂能體會我們的軟弱、掙扎、痛苦與悲傷。希伯來書說：

> 我們既有一位已經升入高天尊榮的大祭司，就是神的兒

子耶穌，便當持定所承認的道。因我們的大祭司，並非不能體恤我們的軟弱，祂也曾凡事受過試探，與我們一樣，只是祂沒有犯罪。所以我們只管坦然無懼的，來到施恩的寶座前，為要得憐恤、蒙恩惠，作隨時的幫助。(希 4:14-16)

　　一個宣教士到達宣教工場，也要學習耶穌這種態度，與當地的人「認同」。戴德生到中國時，留起辮子，穿上長袍馬掛，吃中國食物。當時來華的宣教士很多人都不贊同他的作法。但是結果戴德生卻贏得中國人的心，正因為他與中國人在生活習慣上認同。

第四節 「大使命」：耶穌的宣教宣言

1. 福音書及使徒行傳中耶穌復活後有關宣教的吩咐

　　在四本福音書及使徒行傳裡，都分別記載了耶穌復活後，對門徒最後有關「宣教大使命」的吩咐(參考下表)[5]。基本上，除了馬可福音之外，這些最後的吩咐都有一段有關於宣教的重要宣言。在每段經文中，耶穌都吩咐他們採取一些宣教的行動，指出宣教的範圍，並給予他們保證。

	太 28:18-21	可 16:15-18	路 24:46-49	約 20:21-23	徒 1:4-8
屬靈權柄	所有的權柄(v.18)	—	如經上所說(v.46)	父如何差遣我(v.21)	父藉著祂的權柄....(v.7)
宣教行動	使人作門徒(v.19)	傳講福音(v.15)	傳悔改赦罪的道(v.47)	赦免或留下人的罪(v.23)	作我的見證(v.8)
宣教範圍	萬民(v.19)	凡受造的(v.15)	萬民(v.47)	任何人(v.23)	直到地極(v.8)
宣教手段	施洗、教導(v.19-20)	施洗(v.15-16)	—	—	—
保證	永遠與你們同在(v.20)	神蹟隨著你們(v.17)	父所應許的(v.49)	領受聖靈(v.22)	受聖靈的洗(v.4,8)

其實門徒宣教的本質，乃是延伸耶穌宣教的事工。但是他們宣教的信息已經有了重點的轉移，因為耶穌已經從死裡復活，所以在耶穌受死復活以前的信息是；「天國近了」，現在則傳悔改赦罪的道(路24:47)。過去雖然也傳相似的信息，但是如今卻更加明白地宣告這「赦罪的福音」。

而宣教的範圍也擴大到萬國萬民了(太 28:19；可 16:15；路 24:47)，事實上這種「普世」的觀念，是這五段宣告中最一致的單元。從此宣教的範圍由「以色列家中失落的羊」，擴大到所有的外邦人中間。

馬可福音的結尾是三本對觀福音最特別，也最有爭議性的。現存的希臘文版本新約聖經，大多是包括 16:9-20 的「長結尾」版，但是少數更早、更有權威性的版本卻是在 16:8 結束的，被稱為是「短結尾」版。雖然大多數的中文和英文聖經都採用「長結尾」版，但是由經文內在及外在的證據看來，當代新約學者的共識是「短結尾」版比「長結尾」版更可能是原始的版本[6]。然而問題是：為何「長結尾」版沒有類似馬太福音的「大使命」？為何馬可福音的結尾如此突然？其目的何在？其中一個可能的解釋是：因為馬可沒有記載耶穌復活後新的吩咐，反而使主耶穌受難前有關宣教的教導被突顯了[7]。

另外特別值得注意的是耶穌在使徒行傳1:6-8的那一段吩咐，因為由耶路撒冷直到地極的宣教事工，所代表的不僅是地區上由近及遠的意義，也代表文化上由同文化、近文化(撒瑪利亞)至異文化的宣教。因此這四種類型的宣教事工，是今天的教會所不可忽視，也不可偏廢的。

2. 馬太福音的「大使命」(太 28:18-20)

談到「大使命」，很多人都自然想到馬太福音二十八章耶穌對門徒的吩咐。值得注意的是：馬太福音的「宣教大使命」特別強調「使人作門徒」，與馬可福音 16:15 及路加福音 24:47 強調「宣揚福音」有所不同。

A. 重點：領人作門徒

其實若我們仔細觀察，我們就會發現馬太福音特別著重「門徒」的觀念。「門徒」這個名詞馬可福音用了 46 次，路加福音用了 37 次，但是馬太福音就用了 73 次之多。而動詞「作門徒」這個字在新約只用了 4 次，其中馬太福音就用了 3 次(13:52; 27:57; 28:19)。而「大使命」唯一的動詞就是「作門徒」。

其次，「作門徒」主要的是建立與耶穌基督的關係，而非僅僅遵守教條或誠命。因此，在耶穌基督的教訓中，「跟隨我」是祂常用的字眼，至少出現了二十次以上。從聖經的觀念來看，「跟隨主」乃是與主耶穌認同，效法祂所行所為，完全沒有保留地效法主。

第三，「領人作門徒」是選擇性的，不是一視同仁的。耶穌在世的時候，固然汲汲營營地到處傳福音、醫病、趕鬼，但是事實上祂大部分的時間是花在十二使徒身上，尤其是彼得、雅各及約翰三位核心門徒身上。所以我們若要帶領門徒，並不是將時間平均分配給每一個我們所栽培的人，有時反而是比較集中式地帶領其中少數幾位最有潛力的人，效果可能更好。

最後，我們要知道「作門徒」是一生之久的「過程」(process)，是一條路徑，而不是一蹴可幾的「目標」或「成

就」。所以不是因為我們參加某一個「門徒訓練班」畢業
了，我們就升級成為「門徒」了。「作門徒」乃是一個獨特
而且持久的經歷，使我們在主耶穌基督裡的恩典和知識上不
斷長進[8]。

真正的門徒是什麼呢？或許下面的一段話最能表達出
「作門徒」意義的精髓：

> 一個基督的門徒不僅是「信徒」；也不僅是一般意義中
> 的「學徒」；他甚至也不是所謂「模仿基督」的人，或
> 「爲基督而顛狂」的人，或「爲主獻身」的人。一個基
> 督的門徒，乃是一個在生活上清楚地、不斷地與主耶穌
> 的死與復活上表認同的信徒。藉著言語、行爲、態度、
> 動機和目的，讓基督完全地在他生命中掌權；歡歡喜喜
> 的接受基督爲他的「救主」與「主」；並按著基督所安
> 排，至終使祂得榮耀的方式與目的，依靠內住的基督而
> 活。[9]

B. 宣教策略：「去」、「施洗」、「教導」

在「使人作門徒」的事工上，包含了「去」、「施洗」
和「教導」三個不同的行動。

1) **「去」** 是強調主動出擊，是一種「離心式」的策略。
耶穌在差派門徒去宣揚天國的福音時(太10:1-42)，就有清
楚的吩咐。耶穌在為門徒最後的禱告中提醒我們：基督徒雖
然不屬於這世界，但是祂卻差門徒到世上（約翰17:15-
18）。所以我們在世上不應該離群索居，相反地，我們要
進入人群、進入社會，這樣才能發揮光和鹽的作用(馬太5:
13-16）。

2) **耶穌所吩咐的「施洗」** 與約翰的洗有所不同，約翰

的洗是「悔改的洗」，強調除去罪惡。但是基督徒的洗禮不僅是除罪的意義，還要歸入「聖父、聖子和聖靈」。也就是藉著洗禮的形式，表明與主同死、同埋葬，也一同復活（羅6:1-6）。因此洗禮含有歸入基督身體(教會)，成為教會一個肢體的重要意義。但是新約整個的教訓卻注重教導過於施洗。耶穌在世時沒有為人施洗，而是由門徒去施洗（約4:2）。保羅也很少為人施洗（林前1:14-15），而多花時間在教導上。

　　3)「**教導**」是領人作門徒的最主要手段。因為受洗是一次性的行動，教導卻是終生學習的過程。同時，「教導」也是耶穌所留下的榜樣(太4:23; 5:2; 7:28-29; 9:35; 11:1; 13:54; 21:23; 22:16,33; 26:55)。值得注意的是：在馬太福音中，耶穌的「講道」或「宣講」總是對著外人，而祂卻常在會堂中或聖殿裡「教導」人。在「大使命」中的教導，主要是要門徒們學習順服神的旨意，因為作門徒不是取決於是否遵守教條，而是取決於與主耶穌的親密關係。我們需要教導主耶穌的一切教訓，不管是否受歡迎，保羅也如此提醒提摩太（提後4:1-5）。並且耶穌的教訓是命令，必須完全遵守，不能打折扣。從使徒行傳看來，許多猶太人是先受洗再受教導（徒2:41-42）；但是對外邦人，則是有時是教導在先，施洗在後。依據教會歷史的文獻顯示，第二、第三世紀的教會，其「洗禮教義班」往往長達兩年到四年，可見其嚴格的程度。

1 William J. Larkin Jr. and Joel F. Williams (ed.), *Mission in the New Testament: An Evangelical Approach,* Orbis Books, 2003, p.39-42.

2 David J. Bosch, *Transforming Mission: Paradigm Shifts in Theology of Mission,* Orbis Books, 1991, p.32.

3 John D. Harvey, "Mission In Matthew," in *Mission in the New Testament: An Evangelical Approach,* William J. Larkin Jr. and Joel F. Williams (ed.), Orbis Books, 2003, p.122-23.

4 賈禮榮著，黃彼得譯，《宣教神學的聖經基礎》，東南亞聖道神學院，1980 年，35 頁。

5 William J. Larkin Jr. and Joel F. Williams (ed.), *Mission in the New Testament,* p.46.

6 Joel F. Williams, "Mission in Mark," in *Mission in the New Testament: An Evangelical Approach,* p.147.

7 同上，p.148.

8 George W. Peters, *A Biblical Theology of Missions,* Moody, 1972, p.189.

9 同上，p.187-88.

第五章
使徒行傳中的宣教

第一節 使徒行傳中的「大使命」(1:8)

使徒行傳的「大使命」是:「但聖靈降臨在你們身上,你們就必得著能力,並要在耶路撒冷、猶太全地、撒瑪利亞、直到地極,作我的見證。」這「大使命」也是使徒行傳的綱要,路加很清楚地將本書分為三部分,來說明基督教的發展:由耶路撒冷開始(一至七章),進展到猶太全地和撒瑪利亞(八至十二章),然後擴展到地極(十三至二十八章)。此外,這「大使命」還有下列幾個特點:

1. 強調傳福音是出於「聖靈的能力」。

如眾所週知的,使徒行傳極為強調聖靈的工作,因此有人認為「使徒行傳」應該稱為「聖靈行傳」才對。所以雖然任務已經下達,耶穌仍然要門徒們稍安勿躁,要等候在耶路撒冷,直到聖靈降臨在他們身上。因為沒有聖靈的同在,他們將沒有為主做見證的能力。

2. 宣教的範圍,從地理位置來說,是由近及遠,由耶路撒冷直到地極。

耶路撒冷對門徒而言,就是「本地本城」的意思。然後門徒們將進入稍遠更寬廣的猶大全地和撒瑪利亞,最後他們經由敘利亞的安提阿,將福音傳至巴勒斯坦以外的小亞細亞(今天的土耳其)、馬其頓和亞該亞(今天的希臘半島)、義大利半島和羅馬,甚至整個羅馬帝國。

這種「由近及遠」的策略,也應該是今天所有教會的發

展藍圖，因為這不但是耶穌對門徒們最後的吩咐，也是對歷代眾教會原則性的指示。換句話說，除了較明確的「本地本城」事工外，每個地方教會都應該參與「區域性」的福音行動，同時也不可忽略遠地的宣教事工。

3. 宣教的範圍，從文化來說，是由同文化至跨越文化，先向猶太人再向外邦人。

從另一個角度來說，這「大使命」也是由「同文化宣教」，逐步邁向「跨越文化」的宣教，所以福音總是先向猶太人傳，然後再轉向外邦人。

由於撒瑪利亞人有部分猶太人的血統，語言上他們與猶太人一樣都說亞蘭文，宗教上他們雖只接受「摩西五經」，但是飲食禁忌和習俗大致與猶太人相近。因此從文化的差異來說，撒瑪利亞對猶太人而言算不上是「異文化」，而是屬於一種「次文化」。

然而這種本地但跨越文化的「撒瑪利亞事工」，卻往往正是今日大多數教會所忽視的。我們寧可出錢出人差派宣教士去非洲，卻很少想到附近社區中的非洲難民的需要。北美的華人教會，很少向其他族裔的信徒伸出援手，幫助他們建立教會；很多美國教會卻無私地幫中國人建立教會。這是值得我們反省的。但是在南美洲蘇利南的一家小型的華人宣道會，卻能支持當兩家印尼人的教會建堂，又幫一家印度人的教會去印度聘了一位牧師！這才是我們應該效法的典範。

但是當福音傳向「地極」時，門徒們即將面對種族、語言、文化、宗教都迥異的外邦人，這是極大的挑戰。幸而在第三世紀以前，在羅馬帝國境內，還有一種通用的希臘文作為溝通工具，減低了不少傳福音困難。所以初期教會在

「異文化」宣教的卓越成就，使福音能在短短的一百年之內，迅速地遍及羅馬帝國的每一個角落，這種語言上的便利，的確是一大助力。

第二節　使徒行傳中聖靈在宣教方面的角色

1. 聖靈賜給信徒作見證能力

使徒行傳使我們清楚地看見，五旬節的聖靈降臨，是信徒們事奉的分水嶺。彼得雖是普通的小民，但是當他站在公會前受審時，卻能引經據典地辯駁，令公會的人大為驚訝(3:8-13)。當會堂中的猶太人和司提反辯論時，司提反「以智慧和聖靈說話」，眾人敵擋不住(6:9-10)。這正應驗了耶穌在世時對門徒的吩咐：

> 人帶你們到會堂，並官府，和有權柄的人面前，不要思慮怎麼分訴，說什麼話。因為正在那時候，聖靈要指教你們當說的話。(路 12:11-12)

不但如此，聖靈也以神蹟奇事來印證使徒們所傳的福音。因此，連公會也承認「他們誠然行了一件明顯的神蹟」(4:16)，以致於他們無法抵賴。撒瑪利亞的人因腓利所行的神蹟，而同心合意地聽從他所傳的福音(8:6)。所以，當門徒們受逼迫時，他們的禱告不是求神攔阻逼迫的臨到，而是求神使他們大放膽量傳神的道，並以神蹟奇事來印證(4:30-31)。事實上，「放膽」這個字曾多次在使徒行傳中出現(4:13,29,31; 9:27; 13:46; 14:3; 18:26; 19:8)，這暗示是藉著聖靈的能力，懦弱的門徒才變成福音的勇士。

2. 聖靈主動引導宣教的方向

在使徒行傳中，聖靈不是被動的角色，而是主動地推展宣教的事工。是在聖靈的差遣下，腓利才去到迦薩的地方向伊索匹亞的太監傳福音(8:26-39)；當彼得自己還在猶疑不定時，是聖靈差派彼得去義大利軍官哥尼流的家中向他全家的人傳福音(10:1-48)；也是聖靈自己向安提阿教會的領袖啟示，差派巴拿巴和保羅去宣教(13:2,4)，並不是保羅自己的構想或抱負。另外，在保羅的第二次宣教旅程中，聖靈兩次攔阻他們在亞西亞和庇推尼宣教，最後引導他們往馬其頓去(16:6-10)。

所以，整個使徒行傳我們所看見的，不是人的計畫、人的行動和人的成就，而是聖靈的計畫、聖靈的引導和聖靈的成就。換句話說，聖靈才是整個宣教事工在幕後推動的那「無形的手」。

因此，我們不要誤以為聖靈是「被動」地等候我們去「催促」祂行動，其實聖靈是主動的，祂有祂的計畫和旨意，我們應該藉著禱告來尋求聖靈的旨意，並順從祂的引導，正如腓利、彼得和巴拿巴、保羅一樣。

3. 聖靈以神蹟印證神的旨意，突破宣教的障礙。

使徒行傳中每一次神蹟奇事的出現，往往都是在宣教歷程中關鍵的時刻出現，因為神要引導宣教進行的方向及速度。五旬節及聖殿美門口瘸子得醫治的神蹟，使教會迅速發展。但是教會發展過程中，難免有濫竽充數的現象，所以神要藉著亞拿尼亞和撒非喇被神擊殺的神蹟（5:1-11），來保守教會的聖潔。神也容許司提反殉道及教會遭遇逼迫的事發生，為的是使教會由耶路撒冷往外開展，於是因著信徒四散，就將福音傳到猶太全地(8:1)、撒瑪利亞(8:4)和安提阿

(11:19-21)。

　　當腓利將福音傳到撒瑪利亞時，耶路撒冷教會差派彼得和約翰前往探望，當使徒按手在撒瑪利亞信徒身上時，便有聖靈賜下。這對消除耶路撒冷教會的疑慮必定很有幫助。後來彼得在哥尼流家中傳福音時，聖靈降臨，那些外邦人也得了方言的恩賜。這使福音首度突破種族的障礙，得以進入外邦人中間。當彼得回到耶路撒冷教會，遭到一些保守的信徒的質疑時，彼得說：「神既然給他們恩賜，像在我們信主耶穌基督的時候，給了我們一樣，我是誰，能攔阻神呢？」(11:17)那些有異議的人，只好閉口不言了。所以就因著這個獨特的神蹟，才使福音的傳播，不至於受到人狹隘的觀念的限制。到了耶路撒冷會議爭論外邦信徒應否遵守摩西律法時，彼得也再次提到這個經歷(15:7-11)，來支持他的觀念。可見聖靈賜下神蹟，都有特別的目的。

　　但是如果照那些提倡所謂的「權能佈道」(Power Evangelism)之人所說，《使徒行傳》中神蹟奇事是福音能夠有大突破的「必要條件」的話，這種說法太過於誇大 [1]。因為有時救恩臨到的時候有神蹟伴隨著(9:35,42; 14:3)，但是也有時並沒有神蹟奇事(11:21; 13:43)；有時人們對神蹟的反應是正面的(8:5-8; 9:35,42)，但是也有負面的(14:8-20; 16:16-24)。若仔細觀察，我們會發現路加所記載的神蹟，通常發生在第一次接觸福音的異教地區(如撒瑪利亞8:5-8；路司得14:8-20；腓立比16:16-18；以弗所19:11-20)。所以，神蹟奇事是聖靈隨己意在特別時刻賜下的，卻不一定是福音廣傳的必要條件。

第三節　使徒行傳中教會在宣教方面的角色

1. 向外邦人宣教是耶穌給教會的使命。

在《使徒行傳》的「大使命」中，耶穌已經很明確地指出教會整體的使命，就是要將福音傳至外邦。然而耶路撒冷教會一直遲遲未曾按著主的吩咐去執行，於是神藉著司提反的殉道所引起的逼迫，使門徒四散，於是福音開始廣傳。

後來當福音傳至撒瑪利亞時，耶路撒冷教會派遣彼得和約翰前往探視(8:14)。再往後當安提阿教會成立時，耶路撒冷教會又差派巴拿巴前往牧養(11:22)。可見此時無形之中耶路撒冷教會已經承擔了「眾教會之母」的角色，照看、牧養各地成立的新教會。

後來安提阿教會則更進一步扮演了「外邦教會之母」的角色，因為保羅的三次宣教之旅，都是由安提阿出發的。而且每一次保羅宣教結束時，也總是回到安提阿教會。因此安提阿教會可以算是保羅的「母會」。

事實上，從宣教歷史的角度來看，安提阿教會的貢獻更為突出。在《使徒行傳》之外的歷史中顯示，安提阿教會也曾在向亞洲的宣教上，發揮了極大的影響力。因為敘利亞教會及波斯教會都是由安提阿教會的宣教士所建立、所扶植的。因此，雖然在使徒時代大規模、有計畫的向外邦人宣教行動並不多見，但是教會仍然扮演極重要的角色。

2. 教會有對內與對外兩種功能：對內是教導；對外就是宣教。

從安提阿教會的經驗來看，教會對內的教導與對外的宣教兩種功能，應該是相輔相成的。安提阿教會之所以能在宣

教上承擔如此重大的責任，就是因為先前巴拿巴及保羅殷勤的教導所致(徒11:25-26)。換句話說，教會必須「先安內，再攘外」，先有紮實的教導，才有積極的宣教。

當他寫信給剛成立不到一年的帖撒羅尼迦的教會時，他已經能肯定地說，「主的道從你們那裡已經傳揚出來，而且傳遍了馬其頓和亞該亞」(帖前 1:8)。後來保羅所建立的教會，也都是極為重視教導。因為他知道，只有如此，教會才能繼續不斷往外宣教。

3. 教會與宣教的三重關係：

(1) 宣教的事工是由教會來推動的(By the Church)

雖然初期教會有些(如安提阿教會)是由一般信徒自發性地傳福音所建立的，但是這是特例，大多數外邦的教會，卻是由教會所差派的宣教士(如保羅、巴拿巴與西拉)所建立的。換句話說，宣教事工不是一些散兵游勇所能達成的，而是應該經由教會整體的規劃，然後差遣宣教士來進行的。

當然這裡所指的「教會」是廣義的，並不一定是宗派或某個地方性教會，她也可以是由一群有負擔的基督徒所組成的「信心差會」或「宣教機構」。總之，這裡所強調的是，宣教不是靠個人「單打獨鬥」所能完成的，因此需要一個團隊來推動、來支持。

(2) 宣教的最終目的是要建立教會(For the Church)

在現今「後現代」的社會中，受「反組織化」(anti-institutional)心態的衝擊，有的基督徒提倡「無教會主義」，也有信徒遊走於眾教會之間，結果都成了教會中的「孤魂野鬼」。其實這都不是正常的現象。

　　宣教最終的目的既然是為了建立「基督的身體」，因此建立一個有組織的教會，乃是理所當然的。因為如果沒有一個基督徒的群體，則弟兄姊妹間的肢體關係無法建立，同時許多信仰的教訓就不能落實，許多屬靈的操練也無法進行了。

(3) 宣教的使命是屬於教會全體會眾的(Of the Church)

　　聖經中有關宣教的「大使命」，是給所有的信徒的。既然如此，宣教的使命就應該是屬於教會全體會眾的，而不僅是專職的教牧同工，或少數熱心份子的責任了。初期教會「人人傳福音，個個總動員」是令人印象深刻的，這也是他們教會迅速增長的主要原因。

　　今天有些號稱「宣教導向」的教會，其實他們在宣教上的投入，仍然不夠普及。我們可以從他們參與「宣教認獻」的人數比例，及經常為宣教士禱告的人數可以看出來端倪。往往有些教會只是少數熱心基督徒的擺上而已。惟有當宣教成為全教會弟兄姊妹的「共識」時，這樣的教會才真正算得上是「宣教導向」的教會，也才符合神的心意。

---

1 「權能佈道」是靈恩派「葡萄園團契」(Vineyard)創辦人溫約翰(John Winber)所提倡的觀念，又被前富勒(Fuller)神學院宣教學院院長韋拿(Peter Wagner)所支持。但是也有許多人反對此說法，例如 William J. Larkin, "Mission in Acts," in *Mission in the New Testament* (eds. William J, Larkin and Joel F. Williams), Orbis, 2003, p. 170.

第六章
保羅書信中的宣教

過去人們多半將保羅視為一個神學家，因為他的確是基督教教義的奠基者。但是更基本的，保羅是一個「宣教的使徒」。保羅的神學與宣教的關係，還不僅是「理論」與「實踐」而已，事實上他的神學就是「宣教神學」，宣教與保羅的心思及整個人是不可分割地緊密結合的 [1]。

第一節　保羅—宣教士的典範

當我們要探討保羅宣教理念時，我們要先去認識保羅這個人，特別是從他自己所寫的書信，而不是從路加所寫的《使徒行傳》。因為從保羅的第一手資料——「書信」，我們更容易探視保羅的內心世界。

1. 他的「蒙召」經驗

首先，我們要先來看保羅的信主與蒙召的經驗。是什麼原因使一位狂熱的法利賽人轉變為出生入死的宣教士？保羅自己的答案很簡單：他遇見了「復活的主」！但是在保羅的書信中，他未曾詳細敘述自己「大馬色路上」的經歷。路加卻在使徒行傳 9:1-19; 22:4-16 及 26:9-19 三次詳細記載這個事件。在保羅的書信中，只有三次提及此事(加1:11-17；腓 3:2-11；羅 7:13-25)，但是較簡略，重點也不同。

有些學者認為，保羅在大馬色路上的經歷，不應該看作是他「歸信」(Conversion) 的經驗，因為他並沒有改信另外一位神，大馬色路上的經歷應該是他「蒙召」的經驗 [2]。但是不容否認的是保羅的確經歷了極大的轉變，問題在於每個

人對「歸信」的定義不同而已。值得注意的是,「大馬色路上的經歷」對保羅而言,是他歸主、蒙召為福音的「執事」、及奉差派到外邦人中間為使徒這三件同時發生的事件,也是他「使徒」身分的最主要依據(加1:16)。

保羅很清楚自己是蒙召為使徒,而保羅幾乎在他所寫的每封信的開頭,都會提到他「使徒」的身分(羅1:1;林前1:1;林後1:1;弗1:1;西1:1;提前1:1;提後1:1)。因為這攸關到他所傳福音信息的權威性,這是他不容人置疑的。

2. 他重視「禱告」

在保羅寫給教會的書信中,他常為信徒們禱告(弗1:15-23; 3:14-21;西1:3-14;腓1:3-11;帖後1:2-12)。一方面他為信徒們在信心、愛心和盼望上的見證而感謝神,另一方面他也為他們在愛心的增長而祈求(弗3:17-19;腓1:9;),也求神使信徒們對神的認識進深(弗1:17;西1:9)。

不僅如此,保羅也要求信徒為他禱告(弗6:18-20;帖前5:25;帖後3:1-3;羅15:30-32;林後1:10-11;西4:2-4),使他能靠主放膽講論福音,並有從神而來的智慧及口才,能將福音的奧秘解明。因此禱告成為他事奉的動力,及不可或缺的習慣。

3. 他強調「生活的榜樣」

保羅常常在寫給教會的書信中要求信徒「效法他」(腓3:17;帖前1:6;帖後3:7),這並非他自大,而是要以身作則,做信徒的榜樣。因為他了解「身教重於言教」的道理,何況他自己也是效法基督的榜樣行。他不僅自己身體力行,也耳提面命地如此勸勉年輕的提摩太:「不可叫人小看你年

輕，總要在言語、行為、愛心、信心和清潔上，作眾信徒的榜樣。」(提前 4:12)

「作榜樣」一方面是門徒帶領的基本法則，同時也是塑造信徒群體的新「文化」或「規範」(Norm)的最有效方式。保羅帶領許多年輕的同工，作為他們的「導師」(mentor)，影響他們，也透過他們去影響他們所事奉的教會。所以保羅可以大膽地為提摩太和提多做見證，因為他們與保羅是「同一個心靈、同一個腳蹤」(林後12:18)。他也要求腓立比的信徒，照他們在保羅和他的同工身上「所學習的、所領受的、所看見、聽見的」去行(腓 4:9)。

4. 他依靠「聖靈」

雖然保羅滿腹經綸，他卻一再強調他傳福音不是用學問和口才，而是以「聖靈和大能的明證」(林前 2:4；帖前 1:5)。事實上，對保羅而言，聖靈是他整個事奉的動力，這也是他書信中一再強調的(羅 15:17-19；林前 2:1-5；林後 3:4-6)。

另一方面，保羅也指出，舊約既因人的軟弱而被廢除了，新約卻是藉著耶穌而立，並靠聖靈而成就在人的身上（羅 8:3-4）。而他自己之所以能承當這新約的「僕役」(minister)，不是憑著字句，而是憑著「聖靈」(林後 3:6，新譯本)。

最後他也強調聖靈是屬靈的「寶劍」(弗 6:17)，是攻擊性的武器。因為我們不是以屬血氣的兵器去作戰(林後 10:4)，而是以聖靈所賜的力量，來與屬靈氣的惡魔爭戰(弗 6:12)。

　　從保羅寫給帖撒羅尼迦教會的信，可以歸納出保羅的「聖靈論」[3]。首先，福音信息能有效地深入人心，是聖靈的工作，而非表達的技巧。聖靈能強有力地將信息的真理，傳遞到聽眾的心中，使人信服(帖前 1:5)。

　　其次，信徒能經歷到領受真道的喜樂，也是出於聖靈的工作(帖前 1:6)。因此，「充足的信心」及「喜樂的心」乃是聖靈工作的標誌，也是保羅能確信帖撒羅尼迦的信徒是蒙揀選的原因。

　　第三，聖靈將引導信徒在屬靈生命的長進，例如過聖潔的生活(帖前 4:7-8)。由於希臘羅馬文化的影響，第一世紀的道德是極為敗壞的。因此保羅要勸信徒要遠避淫行，保守自己的聖潔。所以神賜下聖靈，這聖靈是聖潔的，能將神聖潔的生命傳遞給信徒。另外有關於屬靈的品格及生活方式的三個吩咐：「常常喜樂、不住的禱告、凡事謝恩」(帖前 5:16-18)，也可以與聖靈的感動 (帖前 5:19)聯繫在一起，因為在其他的經文中，喜樂、禱告與感謝總是與聖靈連在一起的(帖前1:6；加5:22；羅8:26-27;14:17；弗6:18；腓4:6-7)。

　　第四，教會要追求各樣能造就教會的屬靈恩賜，特別是先知講道(林前14:1-5, 12)。在公開聚會中，聖靈藉著先知講道所賜下的話語，信徒們「不要消滅聖靈的感動」(帖前5:19-22；帖後2:1-2)。所以，從傳福音的第一階段，到門徒造就的過程，都有聖靈的能力在推動。

4. 他看重「悟性」的功能

　　保羅的書信條理分明、說服力很強。因此他的書信，對基督教教義之建立，有無與倫比的貢獻。同時，雖然保羅有

許多獨特的神秘經歷，他卻寧可用悟性去教導人(林前14:19)。他不希望哥林多的教會，因為少數人對「靈恩」問題的攪擾，使信徒捨本逐末地去追求特殊的靈異經驗。因此他在《哥林多前書》特別以三章(12-14章)的篇幅，來探討這個問題。他的結論是：個人的靈異經驗或許能造就自己，但是悟性(或譯為「理性」)的領悟，不但能造就自己，也能造就教會，因此應該列為優先(林前14:12-19)。詩篇一一九篇的作者，也一連五次(34, 73, 125, 144, 169)求神賜給他悟性，使他能明白並遵行神的律例典章，也是出於同樣的道理。

第二節　保羅的宣教信息—羅馬書

保羅作為一位偉大的宣教士，他的福音信息是非常重要的。有人認為由《羅馬書》來研究保羅的福音信息，最能看出他整個宣教的內容[4]。羅馬書是一本神學思想濃厚的書信，保羅在本書用了許多神學名詞，例如「律法」(72次)、「基督」(65次)、「罪」(48次)、「信心」(40次)、「神」(153次)等。而在這些神學思想中，宣教的意圖及內涵，成為他的主軸。保羅的宣教神學有下列重點：

1. 普世需要「神的義」

首先保羅描繪出全人類靈性黑暗的光景(1:18-3:20)。其實透過神創造的萬物所帶來的「自然啟示」(Natural Revelation)，有關神的存在及神的本性，是無可推諉的(1:20)。然而外邦人卻故意拒絕這樣的啟示，不僅敬拜受造之物，而且在道德上放縱自己，任意而行，所以神「任憑他們」(1:24,26,28)。但是對猶太人而言，他們也同樣難逃神的

審判。因為神是依人的行為，而不是依人對律法的知識來審判人(2:13)，所以猶太人也被神定罪(2:17-29)。因此無可避免的結論是：猶太人與外邦人都在罪惡之下(3:9-20)。

　　然而整段經文的焦點仍然是神的本性：祂是滿有恩慈的(2:4)，要引人悔改；祂的審判也是按真理(2:2)、公義的(2:5)、不偏待人的(2:11)。對未曾聽聞福音及「律法」(即聖經)的人而言，神的公平顯明在祂採用不同的審判基準上。對那些沒有機會聽福音的人，神不會以聖經為審判他們的準繩，而以他們的「良心」來定他們的罪(2:12-15)。雖然如此，一個人要憑良心得救是難上加難的，因此世人都需要耶穌基督的「福音」，才能得到救贖。

2. 神既是公義的(Just)，也是「稱義者」(Justifier)。

　　羅馬書 3:21-26 是整卷書最關鍵的經文，因為「神的義」已經在律法之外顯明出來了(3:21)。既然世人都犯了罪，使神的榮耀受了虧損(3:23)，人得救的途徑只有藉著相信耶穌基督(3:22, 25-26)。這種「因信稱義」的基礎，是在於「挽回祭」(Propitiatory)和「救贖」(Redemption)的概念。所以保羅在羅馬書最主要的關注，乃是透過祂「稱義」的舉動來彰顯「神的義」。

3. 萬民的獨一真神

　　既然猶太人或外邦人都是因信稱義，那麼因律法稱義的途徑就被排除在外了(3:27-28)。在羅馬書第四章中，保羅強有力地證明從亞伯拉罕開始，人都是因信稱義的(4:1-3, 9-12)。因此以後所有信耶穌的人，其實都是跟隨亞伯拉罕的腳蹤行的。由於神是不變的獨一神，神的救贖之道對萬族萬民也應該是不變的，這使保羅的宣教具有普世及超越文化

的特質。

4. 為神而活的新生命

　　羅馬書第五章到第八章，是談到基督徒信主以後的新生命。保羅以亞當與基督為代表，來預表新、舊兩種生命。「稱義」帶來「與神和好」(5:9a,10a,11b)，也就帶來對神榮耀的盼望(5:2b,11a)。同時，基督徒既然藉著洗禮在耶穌的死與復活上與祂聯合(6:3-8)，就「歸入」了基督。而這個在基督裡的新生命，應該是聖潔(6:19, 22)、公義的(6:13, 16, 18-20)。所以，在神學教義思想的教導之後，保羅也有詳盡的倫理生活的教導(12:1-15:13)。

5. 猶太人與外邦人的宣教

　　身為猶太人，又作為「外邦的使徒」，保羅當然關心猶太人與外邦人的宣教的關連性。因此羅馬書第九章到第十一章成為非常重要的經文。對於以色列人拒絕基督的困境，保羅提出三個看法：第一，雖然以色列人的背道是真實的，卻不是全面的，神仍留下了一些忠心的「餘民」。第二，保羅不認為以色列人的「絆跌」是無法挽回的，而且仍然有正面的意義。因為以色列人拒絕耶穌基督的福音，就使外邦人得到福音的好處；而外邦人的接受福音，又將刺激以色列人悔改；最後當時候滿足時，以色列人全家都會得救。第三，以色列人的被棄絕不是最後的，也不是永久的，因為神的應許絕不會落空。

第三節　保羅的宣教策略

1.「大都市宣教」的原則

　　保羅的宣教集中在加拉太、亞細亞、亞該亞及馬其頓四個省份，和安提阿、以弗所、哥林多、羅馬等大都市(Metropolises)。這些都是最具戰略價值的地方，是交通、文化、經濟、政治及宗教的中心。因此保羅在這些城市建立教會，期望這些教會往後成為宣教的基地，可以向附近的鄉村及城鎮傳福音。所以當帖撒羅尼迦的教會還剛成立不到一年，保羅就可以宣稱他們的信心，已經傳遍了馬其頓和亞該亞各處(帖前 1:8)。

　　因此保羅並沒有像我們所以為的經常周遊各地巡迴佈道，相反地，他總是盡可能地集中心力去建立堅強、興旺、自立的教會。他不但只是撒種，他更期待收成莊稼。他曾在哥林多教會待了一年半，在以弗所則待了足足兩年之久。有些教會則儘可能找機會回去探望他們，堅固他們的信心。這些教會後來都成為堅強的教會，甚至在他殉道之後，這些教會都還能蓬勃發展。

2.「會堂優先」的原則

　　雖然保羅是「外邦的使徒」(加2:8)，他對他的猶太同胞之愛，卻是不容置疑的(羅 9:2-3)。因此他無論到哪裡，總是先到猶太人的會堂去。因為在會堂中，除了猶太人之外，還有一些歸信猶太教的外邦人，他們受了割禮並遵守所有猶太宗教習俗。此外還有一些所謂的「敬虔人」(如哥尼流)，這是受猶太宗教的吸引，卻未受割禮的外邦人。所以在會堂中，他往往可以找到建立教會的核心同工，其中有猶太人，也有一些就是「敬虔人」。那些「敬虔人」雖受猶太宗教的吸引，卻不想在文化上放棄自己的身份(Identity)，所以遲遲未受割禮。使徒行傳十五章耶路撒冷會議的結論，使這些

外邦人可以不必先成為猶太人，然後再作基督徒。後來外邦教會中的領袖，很多都來自於這種背景的信徒。

3.「團隊事奉」的原則

　　保羅不是「獨行俠」，他總是盡可能地以團隊方式來事奉。他的同工群包括三種人：第一種是比較老練、能夠「獨立作戰」的人，如巴拿巴、西拉、亞波羅、亞居拉和百基拉等人。第二種是年輕的同工，如提摩太、提多、路加等人，他們常常是他的親密同工及門徒，保羅甚至稱提摩太和提多為他的「真兒子」(提前 1;2; 多 1:4)。第三種是各教會的代表，也是一些有潛力的年輕領袖，如推基古、以巴弗提、亞里達古、特羅非摩等人(徒 20:4-5)。

　　他也極為重視新同工的培育，常常帶領他們出入，並差派他們去牧養一些需要牧者的教會。從《提摩太前後書》及《提多書》等教牧書信，可以看出他如何對他們耳提面命、循循善誘，是最好的典範。

4.「建立教會」的原則

　　保羅從來不認為基督徒可以離群索居，作個別的信徒。他們自從因信稱義，就進入一個新的群體，這個新的群體被稱為「眾聖徒」、「蒙神揀選的」、「蒙神所召的」、「神所愛的」等等。而信徒們的關係上，從保羅愛用的稱呼上就可以看出來。在短短的《帖撒羅尼迦前書》裡，保羅就用了不下十八次「弟兄們」來稱呼帖撒羅尼迦的信徒。而且當基督徒受洗時，他們不僅是個別地「歸入基督」(羅6:3)，他們也因受洗而與眾信徒「成了一個身體」(林前 12:13)。

　　還有最重要的是：教會是一個彰顯神榮耀的群體，也有

勸世人與神和好的職分或責任(林後5:18-20)。因此教會不是「出世」的，應該參與這個世界的事務，也就是說教會是「宣教」的。所以「教會」對保羅是極其重要的。

因此保羅巡迴宣教時，總是盡量設法建立穩固的地方教會。他儘可能在當地待久一點，例如他在以弗所待了兩年，哥林多一年半。為的就是要教導信徒，使他們長大成熟(弗4:11-16)。他也在情況許可時，在各地教會設立長老，使教會不至於群龍無首。

5.「文化認同」的原則

保羅在宣教時，對真理他絕不妥協；但在文化方面，他卻持極有彈性的做法。他甚至於可以宣稱「向外邦人，（我）就作外邦人」(林前9:19-23)。這是他能承擔「外邦的使徒」的職份的原因。

保羅的講道風格及內容，與對象有密切的關係。當他在猶太會堂中傳福音時，他常常引用舊約聖經，而且直接證明耶穌就是先知所預言的「彌賽亞」(徒13:16-41; 17:2-3)。但是當保羅到了雅典，被邀請到亞略巴古向雅典人演講時(徒17:19-34)，他完全沒有引用聖經，他甚至沒有提到耶穌的名字，他反而引用了斯多亞派哲學家的詩，來作為他傳遞福音的橋樑。

保羅也教導信徒要順服權柄(羅13:1)，這「權柄」固然包括政治上的權柄，但是也包含經濟上、文化上的權柄。正是在這個基礎上，保羅吩咐哥林多教會的姊妹要「蒙頭」(林前11:5-16)，因為這是當地的習俗。保羅也未曾反對奴隸制度，反而教導他們：「個人蒙召的時候是什麼身份，仍要守住這身份。」(林前7:20)

　　換句話說，保羅不是「革命家」，他從未提倡「文化大革命」，但他也不是守舊的「保守派」。他只是強調「受割禮不受割禮都無關緊要，要緊的是作新造的人」(加6:15)。如果信徒成為新造的人，信徒們就會發揮「鹽」與「光」的功能，慢慢地周圍的社會風氣會改變，不良的習俗或制度也會改善，也就達到「和平演變」的目的了。

　　同時在他看來，有許多文化的表徵，諸如服裝、飲食、習俗和音樂，若是中性的，就不需要堅持。然而某些約定俗成的宗教表徵，信徒就得小心行事，免得「絆倒」別人的良心。這是保羅關於吃祭偶像之物教導的原則(林前10:19-33)。

　　依據這些原則，今天如果有人問：「向國旗敬禮是否算拜偶像？」答案是很清楚的。既然你周圍的人沒有人在向國旗禱告，也沒有人在「敬拜」國旗，你自己就不要庸人自擾，因為你不會絆倒任何人的良心。相反地，如果有人問：「基督徒在喪禮中可否上香？」答案也是很清楚的。因為「上香」或「捻香」在古今中外約定俗成的禮儀中，都是對死人敬拜的宗教儀式，因此基督徒是絕不可以參與的。正如信徒不可以在偶像的廟裡坐席一樣(林前8:9-13)。至於其他的狀況，我們就必須慎思明辨，求聖靈來引導我們。

第四節　保羅的宣教模式

　　接下來我們要來探討保羅的宣教「模式」(Paradigm)。當然要由保羅的書信，去歸納出保羅的宣教模式，是一件不容易的任務。但是波須(David J. Bosch)經過詳細分析，提出下列六個特色，來代表保羅的宣教模式[5]：

1. 教會作為「新群體」

當社會因種族、文化、階級、宗教而分崩離析時，基督徒因著受洗歸入基督，並「披戴基督」，因此在主裡「不分猶太人、外邦人、自主的、為奴的、男或女」，在基督裡都成為一了(加3:27)。因此教會既是由一群重生得救的基督徒所組成的「新群體」，就應該彰顯這些「合一」的特質來。因為基督已經藉著祂在十字架上的死，「廢掉了冤仇，使兩下合而為一」(弗2:15)。

在保羅的書信中，他一再強調神所給他看見「福音的奧秘」(弗3:3-6；西1:26-27)，就是所有的萬族萬民將與以色列人「同為後嗣，同為一體，同蒙應許」(弗3:6)。這個信念是保羅神學的核心思想，也是保羅所堅持不妥協的立場。為此，保羅甚至不惜與彼得當面頂撞(加2:11-14)。

因此，所有的信徒，不分種族、階級、性別，都因著心靈的「割禮」，成了「真猶太人」(羅2:29)。而教會也就取代了舊約時代的以色列民族，成為與神所立新約之下的「新群體」。保羅的書信，對這方面有極為詳盡的探討，也成為他宣教神學的主軸。

2. 向猶太人宣教？

雖然保羅被稱為「外邦人的使徒」，但是他並未把「向外邦人宣教」與「向猶太人宣教」兩者截然劃分。在《羅馬書》9-11章，保羅就詳細而且深入地探討了猶太人在神救恩計畫中的角色。雖然因著大多數猶太人的硬心，保羅不得不轉向外邦人(徒18:6)，但是保羅對自己猶太同胞的心卻是傷痛的(羅9:1-3)。

但是保羅也深信到了時候滿足的時候，「等到外邦人的

數目添滿了」，以色列家就將得救(羅11:25-27)。因此，他熱切地向外邦人傳福音，甚至將一些外邦教會的代表帶到耶路撒冷，對他而言，這是以賽亞書66章18-21節的應驗 [6]。換句話說，從保羅的觀點來看，向外邦人宣教只是使以色列人得救之「迂迴路線」而已。或許因著外邦人得到救恩，能刺激更多的猶太人歸主(羅 11:14)。

3. 在「神即將得勝」(God's Imminent Triumph)的心境下宣教

對保羅來說，主的再臨及祂公義的審判，似乎是迫在眉睫的事。當然學者們也都公認，正確地來說，其實保羅的「末世論」是天國「已經來臨……但尚未完全實現」(Already, but not yet...)的觀點。但是這種「主已經近了」的急迫感，的確是他積極傳福音的主要動力之一。這種信念，充斥在他的書信中(如腓4:5;林前7:29-34;羅13:11)，也成為他激勵信徒過聖潔生活及趕緊作工的理由。因此，有人說「末世論」是保羅宣教神學的骨幹之一，這種說法是有道理的。

4. 宣教與社會的轉化

在討論教會與世界的關係時，很多人質疑為何保羅對社會的罪惡不置一詞。首先我們必須了解在保羅的時代，基督徒的人數極為稀少，教會只是社會上不受注意的「邊緣單位」而已。所以保羅對整個社會的制度問題，並沒有強烈地去挑戰。

但是　同時我們也要注意，保羅並不接受當時基督徒和猶太教徒中流行的兩種極端的觀點，一種認為這個世界是無可救藥的，所以任憑它自生自滅；另一種人則認為主基督既然已經得勝這個世界，那我們也不需要對這個世界作什麼

了。保羅排斥這兩種消極的態度。保羅認為基督徒不應該只是躲在象牙塔內孤芳自賞而已，而應該「在這彎曲悖謬的世代，作神無瑕疵的兒女。你們顯在這世代中，好像明光照耀，將生命的道表明出來。」(腓 4:15-16)

5. 在軟弱中宣教

保羅沒有讓他書信的讀者有一種錯覺，以為因為宣告基督的得勝，我們就可以逃避苦難、軟弱和死亡。連保羅自己雖然很有恩賜，但是他也自己做見證說：「祂對我說：『我的恩典夠你用的。因為我的能力是在人的軟弱上顯得完全』。所以我更喜歡誇自己的軟弱，好叫基督的能力覆庇我。」(林後 12:9-10)

因此他這種對自己的有限性的深刻領悟，是他在事奉上常常靠主得勝的秘訣。在另外一處保羅又說：

> 我們有這寶貝放在瓦器裡，要顯明這莫大的能力，是出於神，不是出於我們。我們四面受敵，卻不被困住；心裡作難，卻不致失望；遭逼迫，卻不被丟棄；打倒了，卻不至死亡；身上常帶著耶穌的死，使耶穌的生，也顯明在我們身上。(林後 4:7-10)

著名的宣教士紐必津(Lesslie Newbigin)說保羅這段話，是新約聖經中將宣教的特質表達的最透澈的一段 [7]。

6. 宣教的目的

雖然教會極其重要，但是就保羅而言，這仍不是宣教的最終目的。教會是神對世界的救贖歷史中的一環，正如以色列的「會眾」透過西乃山之約，也在救贖歷史中成為一個蒙恩的群體一樣。但是在基督裡，神不僅使教會與自己和好，

更使世人也與自己和好(林後 5:19)。而將來「一切在天上
的、在地上的、和地底下的,因耶穌的名,無不屈膝,無不
口稱耶穌基督為主,使榮耀歸與父神。」(腓 2:10-11)

　　所以宣教是要將榮耀和頌讚,歸給那為我們信心創始成
終、捨身於十字架上的基督。宣教就是一個人對基督的信仰
及委身。這「釘十字架的基督」,雖然對猶太人和希臘人是
絆腳石和愚昧,但對那蒙召的聖徒而言,基督總為神的能力
與智慧(林前 1:23-24)。

1　Davis J Bosch, *Transforming Mission: Paradigm Shifts in Mission Theology,* Orbis, 1991, p.124.

2　同上,p.126.

3　Don N. Howell, Jr., "Mission in Paul's Epistles: Genesis, Pattern, and Dynamics," in *Mission in the New Testament* (ed. William J. Larkin Jr. and Joel F. Williams), Orbis, 2003, p.79-84.

4　Don N Howell Jr., "Mission in Paul's Epistles: Theological Bearings," in *Mission in the New Testament* (ed. William J. Larkin Jr. and Joel F. Williams), Orbis, 2003, p.92-116; George Martin, "Missions in the Pauline Epistle," in *Missiology: An Introduction to the Foundations, History, andStrategies of World Missions* (ed. John M. Terry, Ebbie Smith and Justice Anderson), Broadman & Holman, 1998, p. 87-91.

5　*Transforming Mission,* p.172-78.

6　同上,p.146.

7　Lesslie Newbigin, *Mission in Christ's Way,* WCC, 1987, p.24.

第七章
普通書信及啟示錄中的宣教

新約聖經的二十一封書信，除了十三封「保羅書信」外，其他八封書信聖經學者通稱之為「普通書信」(General Epistles)，這些書信的作者包括耶穌的兄弟雅各、彼得、約翰及耶穌的兄弟猶大等人。但是很少有人討論宣教時提到「普通書信」，以許因為覺得其猶太色彩太濃之故。其實「普通書信」中也有許多寶貴的宣教信息，值得我們深思。

在「普通書信」之中，我們將特別研究希伯來書及彼得前書。因為這兩本書都提到個別的基督徒及教會，如何面對苦難及逼迫。在這兩本書中，不多處經文鼓勵直接傳講福音。然而，兩本書的作者卻都很關心基督徒如何在這種敵對的環境中，藉著聖潔的生活來為主作見證(彼前 2:5, 9)。

這兩本書也都強調信徒生活在這世界上只是暫時的，而所有跟隨基督的人，都像是客旅、寄居者及朝聖者，一起邁向天上永恆的家園(希11:9,13; 彼前1:1,17; 2:11)。因此，我們應該以末世的觀點來看基督徒的人生，以及為信仰而受苦的經歷 [1]。此外，這兩本書也越來越強調神最後的審判，以及基督的超越性和獨特性。這都是宣教信息中的核心主題。

第一節　希伯來書中的宣教

聖經學者指出，希伯來書是一篇講章，是針對那些在第一世紀末為主受苦的信徒一些鼓勵的信息(13:22)。在本書中有好幾個有關宣教的主題。

1. 說話的神

　　許多聖經學者都指出希伯來書不但有很明確的「基督論」，而且強調神主動、積極地向人「說話」，因為希伯來書在一開頭就指出，神曾「在古時藉著眾先知多次多方曉諭列祖」(1:1)，但後來更藉著耶穌基督，再次向我們啟示(1:2)。所以我們當「越發鄭重所聽見的道裡」(2:1)，免得隨流失去。因為「我們若忽略這麼大的救恩，怎能逃罪呢？」(2:3)

　　希伯來書有關神的啟示的高潮是提到「神的道是活潑的，是有功效的，比一切兩刃的利劍更快」(4:12)。再一次提醒我們：神的道是大有能力的。而且在後來所列的一連串「信心偉人」之中，也特別提到亞伯，他雖然死了，卻因信「仍舊說話」(11:4)。所以神透過聖經中神的百姓的經歷向我們說話。當然，神對人類最高的啟示，乃是神在這末世藉著祂的兒子耶穌基督向我們說話。

2. 耶穌的超越性

　　希伯來書的作者引經據典地指出聖子是超越天使的(1:5-13; 2:5-8)，又比摩西更配多得榮耀(3:3)，同時還有超越亞倫等次的大祭司職分(5:6, 10; 6:20; 7:1)，又作了「更美之約」的中保(7:22; 8:6)。

　　基督為大祭司是希伯來書獨有的啟示，祂的祭司職分(3:1; 4:14-15; 5:1-10; 7:15)，及祂為我們成了贖罪祭(7:17; 9:11-28; 10:1-14)，都在書中逐次清晰地展現開來。同時，希伯來書強調基督是「麥基洗德等次」的祭司，是很有「普世」意義的，因為麥基洗德並不是亞伯拉罕—雅各的後裔。

3. 基督徒是朝聖者

在希伯來書中，所有的信心偉人都被描繪成「朝聖者」(Pilgrims)，他們在世上是客旅，是寄居的，他們都在尋找一個「更美的家鄉」(11:13-16)。所以，無論是亞伯拉罕(11:8-11)或是摩西(11:24-29)，都「因著信」離開所住的地方，在曠野中漂流，為要尋找那天上的家鄉。

而希伯來書的讀者，也都在新的「出埃及」經歷中[2]。不同的是，他們不是隨從約書亞(4:8)，而是隨從耶穌(2:10;12:2)。值得注意的是：約書亞及耶穌的希臘文都是Iesous，只是約書亞是希伯來文，耶穌則是約書亞的希臘文譯音。這種「新出埃及」的經歷和信徒的分散，對教會的呼召極為重要，因為信徒在世上應該以聖潔的生活，來為主作見證。

當希伯來書的作者肯定耶穌在城門外受苦的事實後，他鼓勵讀者也當「出到營外就了他去，忍受祂所受的凌辱」(13:13)。這是整本希伯來書教訓的最高潮。因為基督徒應當看跟隨那「因擺在前面的喜樂，就輕看羞辱」的基督 (12:2)為特權，以為主受苦為可喜樂的。其實我們的宣教，本來就該以這種「激進的門徒訓練」(Radical Discipleship)為根基。所以，「走出營外」的呼召，也提醒當代的基督徒要甘心放下世上的一切，願意捨己跟隨主，走十字架的道路。

正如邊雲波弟兄在《獻給無名的傳道者》中所說[3]：

是自己的手，甘心放下世上的享受；
是自己的腳，甘心到苦難的道路上來奔走！
選中這條不自由的道路，並非出於無奈，
相反地，卻正是大膽地使用了自己的自由。

第二節　彼得前書中的宣教

1. 教會為「祭司」的角色

　　彼得強調神子民都有「祭司」的職分(2:5, 9)。信徒不僅可以來到神面前禱告和敬拜,而且我們也有擔任這個世界與神之間「仲介」的責任。換句話說,我們向世界代表神作見證,並要將萬國帶到神面前來接受福音。所以教會是為宣教的緣故蒙召,為要「宣揚那召我們出黑暗、入奇妙光明者的美德」(2:9),因為宣教的最高目的就是要榮耀神(2:12)。

　　所以,舊約中以色列人所扮演的角色,現在已經轉移到教會—「神的新子民」—身上了。也就是說,彼得強調教會作為「見證團體」的角色。

2. 聖潔與順服

　　為回應「作神的祭司」這個神聖的呼召,教會需要有「分別為聖」的生活。彼得以 1:13-2:10 很長的篇幅來闡述這個主題。有人說,新約聖經中沒有一處比這裡更清楚地表達了以聖潔生活來為主作見證的主題[4]。

　　彼得強調,信徒們的責任,就是要在不信神的環境中,反映出神的品格來。為使以色列民與周圍的外邦人區別開來,神藉著摩西頒佈了許多律法與規條。雖然舊約中大部分的飲食條例、宗教儀式今天已經廢止了,但是那些禁戒神子民的有關身體及心靈的「淫亂」罪之條例卻依舊有效(1:14, 18; 2:1,11-12; 4:3-4, 15)。

　　不僅如此,在宣教中,對所有地上的權柄順服(包括政治的、經濟的、家庭的、天上的)也至終是必須的(2:13,18; 3:1; 5:1,5)[5],因為宣教提供了強有力的理由,而教會就是

要將這種適切的順服關係活出來。

3. 為主受苦

「為主受苦」是彼得前書的另一個主題(2:19-21; 3:13-18; 4:1,12-19; 5:7-10)，因此有人稱彼得前書為「逼迫文學」(persecution literature)[6]。但是彼得前書的「受苦」不是指一般人都會遭遇的病痛、失業、親人過世等苦難，而是特指為福音的緣故，「忍受冤屈」(2:19)、「因行善受苦」(2:20; 3:14,17)，或「為作基督徒受苦」(4:16)。因為基督不但為我們受過苦(2:21; 3:18; 4:1)，祂也成為我們受苦的榜樣(2:21)。

由於在基督教的宣教過程中，這些苦難是難以避免的，因此正確的「苦難神學」對於當代的教會是迫切需要的。因為宣教的行動，在不同的環境中，可能有非常不同的方法及策略。譬如在基督教受排斥的回教國家及共產國家，基督徒不可能去挨家談道，也不可能在街頭發福音單張。他們所能做的，往往就是默默地忍受為基督而遭受的歧視和逼迫，並過一個彼此相愛的生活。但是他們藉著生活的見證所傳達的信息，其力量並不下於用口舌所宣講的信息。

第三節 其他普通書信中的宣教

1. 雅各書

雅各書強調「信心」必須在信徒生活行動上落實，因此雅各書在今日討論宣教與社會關懷時，提供我們很好的聖經基礎[7]。雅各提醒我們「要行道，不要單單聽道」(1:22)，因為「信心沒有行為是死的」(2:17, 20, 26)。雅各並不是反對保羅「因信稱義」的教訓，而只是強調真實無偽的信心，必

然「與行為並行」(2:22)。保羅也同樣提醒我們，我們行事為人應當「與所蒙的恩相稱」(弗4:1)。總之，雅各告訴我們，真正的教會應該像什麼樣。而宣教的目的，就是要建立這樣的教會。

2. 約翰書信

約翰壹書將約翰福音中有關聖靈的角色予以更進一步地敘述：聖靈的「恩膏」是信徒得永生的憑據(2:20-25)，信徒也藉著祂明白真理(2:27)。聖靈的內住，使信徒知道自己是「住在神裡面」，而神也「住在他裡面」(3:24; 4:13)。

然而除了聖靈之外，敵基督的邪靈也在魚目混珠，混淆人心。從約翰的書信中，我們可以知道，初期教會中也有人否認耶穌是「道成肉身」的基督，是神的兒子(約壹2:22; 4:1-3; 5:1,5；約貳7；約參9-11)。　因此這成為分辨異端的基準之一(約壹4:2-3)。

另外，約翰強調聖靈是「真理的聖靈」，祂會幫助信徒按真理而行(約壹4:1, 6; 約貳4, 7-11; 約參3-4)。「真理」是約翰書信的鑰字，共出現十七次之多。

第四節　啟示錄中的宣教

從宣教的觀點來看，整本聖經是一本談到神如何藉著祂的救贖，而得著榮耀的書。因此，聖經中的最後一卷《啟示錄》，無論就末世論或目錄來看，都好像是整本書的最後一章。我們必須從宣教的觀點來看《啟示錄》，才能正確地解讀並了解它與聖經其他書卷的關係 [8]。

1. 宇宙的基督(Cosmic Christ)

　　由於耶穌基督在神救贖的計劃中居於核心的地位，因此我們若不能正確地認識耶穌基督，我們就不能明白神在歷史中的作為及教會的宣教。從宣教的觀點來看，耶穌基督既是宣教的「主題」(Subject)，又是宣教的「目標」(Object)[9]。耶穌基督的救贖及祂將要再來掌權是宣教信息的「主題」；而宣教的「目標」就是要引至耶穌基督在世上掌權作王。在《啟示錄》中，耶穌基督被描繪成四種形象：

1) 祂是教會的核心焦點(1:12-20)

　　祂是掌權的復活主，教會的結局在祂手中(1:18)。因此祂賜下能力，也潔淨教會。神在第二至第三章對亞細亞七個教會的信息，也應該可以應用在歷代普世的眾教會中。

2) 祂是被殺的羔羊，謙卑的贖罪祭；但也是獅子，可畏的統治者(5:5-6)。

　　因著祂的「代贖」(substitutionary atonement)之恩，基督獲得在天上及地上所有的權柄(5:9; 1:5; 7:14; 14:3-4)。因此天上將慶賀神救贖歷史的完成，聖子也得到祂當得的榮耀(5:12-14; 1:5-6; 11:17-18)。

3) 祂是全地的審判者(14:14)

　　拒絕羔羊將有嚴重的後果，而祂的愛並未抵銷祂的公義。啟示錄 14:14 及 19:11 有兩次提及基督在審判中的角色。14:14 提到的「收割」，在先知預言中是預表審判(珥3:12; 耶51:33)，而人子的角色就是審判者(但7:26-27)。在啟示錄中，這審判就是那「七碗」的災(啟 16 章)。另外一個審判的景象就是19:11，在那裡騎著白馬的基督，將與不信的列國宣戰，因為唯有祂能與那「獸」交戰(13:4)。

4) 祂是萬王之王、萬主之主(19:16; 11:15-18; 12:10)

唯有基督有權柄展開七印封嚴的書卷(5:5-10)，並以口中的利劍擊殺列國(17:14; 19:11-16)。將來萬族的人聚集敬拜(7:9-12)，乃是宣教的最高潮。祂將在新耶路撒冷與全能的神共同治理，直到永遠(21:22-23)。所以，宣教的目的，最主要的就是要使萬人都認識祂，並邀請列國中所有口渴的人都來喝這「生命的水」(22:17)。

2. 時代的衝突與結束

從一個角度來說，「救贖的歷史」就是世界治理權爭奪戰的紀錄，而神已經宣告基督將要治理全地(2:26-27; 12:5; 19:15)。雖然我們聲稱三一神的治理權，從來未曾失去過，但是耶穌基督福音的「排他性」(exclusiveness)，卻一直受到反對。所以這是一場屬靈的爭戰，並在《啟示錄》中達到最高潮。這種體認，將對宣教的需要及其性質，定了一個基調[10]。

1) 時代的衝突：宣教需要挑戰

由於處在這種充滿衝突及掙扎的環境中，教會的宣教很容易就升高到逼迫和聖徒受苦的情勢裡。《啟示錄》的異象，使我們從天上與地上的事件對世界歷史的影響，有一個合乎實情的透視。使徒約翰從歷史的帷幕之後，窺見天庭的動作(8:5)，他也看見兩個敵對勢力的衝突：神與撒旦，天上與「巴比倫」(12:1-6)。

「巴比倫」在整本聖經中，都是預表敵對神的組織性宗教勢力(創11:1-9)。所有抗拒或忽視被殺的羔羊之宗教團體，都是「巴比倫」的代表，也都將在末日被擊敗(14:8;

18:2)。因此,《啟示錄》提供我們對這類宗教的透視:其實其他們都是撒旦所預備的有關真理之「仿製品」[11]。

由於這種屬靈爭戰,宣教是必須的。宣教乃是神的「特種部隊」入侵撒旦地盤,去尋找神的選民(13:8),並邀請地上的居民換邊站,去順服另一個主人,表達另一種的忠誠。而教會正是神所差派的「特種部隊」之一。宣教不是要救贖人間的「體系」(system),而是要呼召人在神審判那「體系」之前,離開那「體系」。

亞西亞的七個教會就曾經歷過這種屬靈爭戰。一方面是內在的異端、屬靈的淫亂、及與異教的混雜或妥協(2:14, 20);另一方面則是外在的逼迫。「殉道」(martyr, 希臘文就是「見證」之意, 1:5; 2:13; 11:3; 17:6)就是向羔羊盡忠的代價。

逼迫不是我們可以向神不忠心的藉口。教會若為了逃避受苦而妥協了,就在它的呼召上失敗了。在宣教過程中,有人會蒙神保守,但也有人殉道了(6:9-11; 12:11)。在教會與「巴比倫」衝突時,教會受苦不是例外,而是常態。對殉道者而言,由於死亡並不是結局,因此他們的死並不是「損失」。但是對聽到信息的人而言,那卻是「得著」(gain)。那些跟隨羔羊的人,被稱為「得勝者」(2:7, 11, 17, 26; 3:5, 12, 21; 12:11; 21:7)。但是那「得勝」的代價是高昂的,因為我們所可以免去的,乃是最後的審判,而不是現今暫時的不公義或受苦。

特別值得注意的,乃是那十四萬四千位見證人(7:4-8; 14:1-5)。這「十四萬四千人」可能是指猶太人中的「餘民」(7:4),因為他們與其他無數從「各國各族各民各方」來的

人(7:9)，似乎很明顯地被區分開來。這些額上受了「印記」的見證人，因這印記而受保護，也應驗了神普世性的救贖計畫 (7:3; 14:1)。

2) 時代的結束：宣教完成了

這個世代的結束，是經由全世界性的審判而引進的。「印」、「號」及「碗」的審判，突顯出神的慈愛與忍耐，也證明祂對宇宙的管轄權(6:15-16; 9:20-21; 16:9-11)。因此，在救贖歷史上的未完成事項就是「君王的再臨」(希臘文是parousia)。那時，地上的國度將成為神與基督的國度。而全人類，不是因基督的救贖而加入神的國，就是被排除在神的治理之下而受到永恆的審判。這就是《啟示錄》的焦點。

天使在神的審判中，扮演重要的角色。他們宣告審判、吹號、倒碗，甚至向地上的人宣告「永遠的福音」(14:6)，並警告世人那即將來臨的審判(14:8-10)。然而天使並沒有帶來人類的救贖，因為明顯地，只有那些「受差遣的人」才是救贖的管道 [12]。

當撒旦及那些「名字沒記在生命冊上」的人，被丟在「硫磺火湖」裡時，這基督「復國」的計畫就達到最高峰(20:15)。在宣教中，「永恆」是得失攸關的概念，因為所有不信的人，都將永遠與神及羔羊隔絕(21:27; 22:15)。

然而《啟示錄》的主題不是在講論萬國的毀滅，而是萬國的得贖；雖然許多人失喪了，但是也有無數的人得贖了。那些蒙揀選的「聖民」，是宣教及基督最終得勝的印證。所以宣教至終將會完成，而其結果將是無數從各國各族各民各方來的人得救、歸於神，並作祭司(5:9)，這也就是在新耶

路撒冷將呈現的景象(21:22-26)。

---

1 Andreas J. Kostenberger, "Mission in the General Epistles," in ***Mission in the New Testament*** (eds. William J. Larkin Jr. and Joel F. Williams), Orbis, 2003, p.192.

2 同上，p.198.

3 邊雲波，《獻給無名的傳道者》，校園，1989，第4頁。

4 同上，p.203.

5 同上，p.204.

6 同上，p.258.

7 Roger E. Hedlund, ***The Mission of the Church in the World,*** Baker, 1985, p.254.

8 Johnny V. Miller, "Mission in Revelation," in ***Mission in the New Testament,*** p.227.

9 同上, p.232.

10 同上, p.234.

11 同上。

12 同上, p.237.

第八章
宣教的雙重使命

　　直到今日，「傳福音」與「社會責任」(或稱「文化使命」) 這兩大使命的孰先孰後，依舊是一個爭論不休的問題。早期信徒（特別是十八世紀的愛德華茲）往往不會將「傳福音」與「社會責任」一分為二，而視為宣教事工不可分割的一體。但是到了十九世紀「自由神學」的興起，就使得教會對這兩者開始截然劃分，並且各走極端。到了十九世紀末，特別在基要派的教會中，「傳福音」逐漸地成為最主要而且幾乎是唯一的重點，奮興佈道家們也很少提及社會責任的需要。另外一個極端則是走「社會福音」路線的自由派，他們將全部心力都集中在社會關懷上。這種偏差的狀況一直延續到今日，企待釐清。

第一節　有關宣教的「文化使命」與「福音使命」之三種立場

　　當代的教會及基督徒對宣教的「福音使命」(Evangelistic Mandate)與「文化使命」(Cultural Mandate)，大約持三種不同的立場：自由派信徒強調宣教事工的「先知性」層面，也就是指責罪惡，注重社會關懷；反之傳統的基要派信徒則強調宣教的「神秘性」(Mystical)層面，看重拯救靈魂。換句話說，自由派強調信仰的水平面，注重「今世解放」；基要派則強調信仰的垂直面，注重「他世拯救」。但是近代較開放的福音派則持較折衷的第三種態度，即認為宣教應有「文化」及「福音」的雙重使命，而且兩者係相輔相成、一體兩面的策略。

我們將這三種不同的立場略加說明，以便討論。

1. 傳統基要派：宣教僅包含「福音使命」

傳統的基要派信徒強調宣教的重點在於拯救靈魂。對他們而言，傳福音及佈道才是宣教唯一不可或缺的任務。他們堅信聖經的權威性及「福音使命」的優先性，因此他們認為醫病、教育等社會關懷事工最多只是輔助性的「手段」，最後的「目的」仍是要以基督的福音來改變人心，拯救人的靈魂。

可是當基要派在對過份偏重社會改革的「社會福音派」的反擊時，似乎無意中也忽略了神對基督徒的另一項吩咐：關懷社會與弱勢族群。他們對專制政權的不公不義的措施、現代教育的世俗化、種族仇恨的罪惡、勞資關係的錯誤、及國際貿易的不平等，都沒有去予以質疑或挑戰。

雖然後來有些人開始注意到社會責任的問題，但是基本上他們仍然認為佈道之於社會責任，就好比種子之於果子一樣。換句話說，他們認為透過那些信徒的生命改變，「社會參與」及「社會的改革」會自然衍生的，因此不必過份操心。事實上，這種「傳福音優先於社會責任」的觀點，迄今仍是多數福音派教會的觀點和立場，華人教會也不例外。

2. 自由派：宣教有「文化使命」，而且應該先於「福音使命」

與上述立場針鋒相對的，乃是自由派及「新正統派」(Neo-orthodox)的信徒，他們強調信徒的「先知性」角色，也就是去指責社會罪惡，並注重社會關懷。對他們來說，先知應該針對所處的政治、經濟和社會現況發出回應。

南美洲的「解放神學」就是其中一個典型的例子。他們

強調「社會結構性的罪」多過於個人的罪性。他們對歷史的解釋是透過馬克斯主義，然後期待經由階級鬥爭，來創造新的處境。他們深信「樂園」是可以在地上實現的，而那就是共產主義的社會。所以在拉丁美洲，許多神父參加左派的游擊隊，拿起槍桿為建立共產主義的「樂園」而奮鬥。對這些人而言，他們尋求的「救贖」就是社會生活環境的改善，而非人性的「再生」(regeneration)或靈魂的得救。

其他自由派及「新正統派」的信徒雖然不致於像解放神學家那樣的激進，但是同樣地，他們認為宣教的「文化使命」或「社會使命」，應該優先於傳統的「福音使命」。他們往往對政治活動比對佈道大會更有興趣，事實上有些人因為已經放棄對將來天國的期盼，因此將全副心力都投注在對現今經濟、政治環境的關懷上。他們認為宣教不應該是「我贏你輸」式的領人歸主，而是以投身社會關懷的「好行為」，為耶穌作見證而已。其實暗地裡，他們已經接受「殊途同歸」的觀點，否定了基督信仰的獨特性，因此才對未信者的靈魂得救顯得漠不關心。

3. 當代福音派：宣教兼有「文化」及「福音」的雙重使命

在1974年的洛桑世界宣教大會，參與者反省過去基要派過於偏窄的觀點，就提出宣言，主張宣教的「雙重任務」(Two Mandates)，但是仍強調「福音責任」的首要性及根本性。後來在1983年，福音派神學家們於「世界福音團契」(WEF)的諮商會議中，簽署了「惠頓宣言」，其中強調：

> 人類的罪性不僅潛伏在個人生命中，也存在於社會結構中。…教會的使命不僅是福音的「宣告」而已，也應該包括福音的「彰顯」。因此我們需要去傳福音，以回應

人迫切的需要，並追求社會的轉化。

這是對宣教的「雙重任務」比較平衡的觀點，而且在這篇宣言中，並沒有提到「傳福音」或「社會參與」何者為優先。其實，如果「整全的福音」是代表基督徒對世人身、心、靈三方面的全人關懷，那麼我們絕不該漠視個人或整體社會的物質及心理上的需要。

但是我們也同樣不能忘記：畢竟靈魂的得救與否，更是攸關每個人生死的大事，我們絕不可以捨本逐末，只顧及人們物質及心理上的需要，而忽略了他更深、更基本的需要。當然我們並不是說我們只關心失喪者靈魂的需要，而他物質及心理上的需要卻成為可有可無的。我們可以借用美國心理學家馬斯羅(Maslow)對人類基本需求的研究，及艾偉傳(Joseph Aldrich)在福音策略的研究來說明[1]。人們物質及心理上的需要，可能是我們傳福音的「切入點」，然而當人的基本需求水漲船高時，只有神的福音才能滿足人更高層次的需要。

第二節　歷史的角度：西方宣教使命的演變

1. 中古世紀：「文化」與「福音」並重

中古世紀時期(500-1200)西方教會面臨極大的危機，因為那時西羅馬帝國已經覆滅，教會一方面失去了保護傘，另一方面他們所面對的，乃是群雄並起的蠻族。在這個期間，愛爾蘭及英格蘭的修道士，先後扮演了關鍵性的角色，他們在六百年內使歐洲「基督化」。例如著名的愛爾蘭宣教士哥倫班(Columban, 540-615)，在他接受歐洲最好的教育，精通了文法、幾何、聖經和修辭學之後，四十五歲才開

始赴法蘭克王國宣教。難怪他以及其他的中古世紀宣教士，很容易地能與君王貴胄對話，有時甚至被延攬為大臣或建立學校。

我們必須了解，在中古世紀，修道士的宣教方面的貢獻，是無可取代的。這些修道士，往往在不是受教廷差遣之情況下，自發性地、成群結隊地前往蠻族之地宣教。他們瞭解，雖然透過政治、武力與婚姻等手段，使王公貴族接受基督教的「由上而下」策略，可以迅速達到「群體歸信」的目標，但是教會往往得花幾百年的時間，才能使基督教信仰真正在人民心中紮根。而這個責任就落在修道院的身上。而中古世紀的修道院也的確同時承擔了「宣教中心」、「教育中心」及「文化中心」的三重角色。

在西羅馬帝國滅亡後，歐洲各國便越來越依賴教會來提供受過教育的神職人員襄贊公務，而修道院也逐漸成為教育中心。這些修道院不但設在後方（即教會的根據地)，也遍設在福音戰場的前線。最初修道院只收有心加入修會作修道士的男孩，但是到了第九世紀，修道院也容許那些只是為受教育而來的人入學，但是教育的目標仍然是宗教[2]。至於在課程安排上，仍以傳統希臘式教育理念的七個學科為主，但是改以拉丁文來教學（此時已很少人會希臘文了）。其中包括初級的「三學科」(Trivium)，即文法、修辭和邏輯；及高級的「四學科」(Quadrivium)，即算術、幾何、天文和音樂。這七門課程，在中古世紀結束以前，一直是西方世界人文教育的核心課程。自第六至第十一世紀，那些修道院的學校，幾乎主導了整個歐洲的教育界。其中最著名的學校，分別設在法國、德國、義大利、英國、愛爾蘭和蘇格蘭等地。

　　至於文化方面，修道院的貢獻也不可忽視。這個時期由於基督教所面對的，是文化水平上相對較低落的蠻族，因此宣教士們往往要承擔「宣教」與「教化」的雙重責任[3]。他們有時得為蠻族創立文字(如哥德文及斯拉夫文)，並且也透過教育的方法，來教化人民、培育人才，進而提昇本土文化。但是更多的時候，這些宣教士一面傳播福音，一面傳授拉丁文字與文明。對他們而言，以拉丁文化取代蠻族的文化，似乎是另一項神聖的任務。同時，修道士在印刷術未發明前，抄寫許多的聖經經卷和各種希臘及羅馬的古典著作，為傳統文化留下了無價之寶。

　　所以，這個時期的基督教是以「強勢文化」的身份，來提攜、濡化甚至改造本地的文化。因此，今日所謂的「西方文化」，其實有很多是以基督教思想為主體，所創造出來的新文明。

2. 啟蒙運動之後：「文化」與「福音」開始產生歧異

　　隨著西方國家的發展，以及啟蒙運動帶來的「樂觀主義」及「社會進化」思想，逐漸地產生「西方文明是世界上最優秀的文明」的觀點。因此，西方各國莫不期望以她們的政治(如民主制度)、經濟(馬克思主義或資本主義)、科技，或宗教，來改造或拯救其他「落後的國家」。例如德國哲學家黑格爾，他承認世界歷史是由東方走向西方的，因此文明的「兒童期」是由中國、印度、波斯、希臘和羅馬開始的，但是「成年期」卻是西歐。換句話說，「歷史是由亞洲開始的，終結（最高峰）卻一定是歐洲。」[4]

　　當西方國家擁有科技的絕對優勢時，這種「西方文化帝國主義」的思想，在那個時代的西方人士，幾乎無人倖免，

連宣教士也在內。事實上那時的宣教士，也分不清宗教優越性與文化優越性有何不同。直到今天，這種「文化優越感」的幽靈，可能依舊存在於少數西方人心中。

許多西方宣教士認為，福音既然能使西方國家富強，同樣的結果應該也能在其他國家重演。因此當他們解釋「豐盛生命」時，常常解釋為透過西方式的教育、醫療、農業制度，所能帶來的豐富生活享受。他們也的確出於愛心，積極地想把這些好東西帶給那些窮乏的國家。

然而可惜的是，這些西方宣教士畢竟是那個時代之子，無可避免地也有自己的「盲點」。他們不自覺地帶著西方「民族中心主義」(ethnocentrism)的思想，缺乏對自己文化深刻的反省，也不懂得欣賞分辨其他的民族的文化。在福音與文化的關係上，更沒有拿捏適當的分寸，以至於將西方文化與福音之間錯誤地劃了等號。這是我們的前車之鑑。

早期的宣教士，在傳福音之外，通常也同時從事社會改革的工作。也有一些機構(如「救世軍」)，是專門從事社會救濟工作的。只是到了十九世紀末，由於受理性主義、啟蒙運動及「自由神學」的影響，有越來越多的宣教士對聖經的權威性採取批判的態度，對拯救靈魂的優先性也開始質疑，因此對傳揚福音的熱誠也大為降低。相反的，他們對西方文明的優越性卻篤信不疑，越來越偏重宣教的「文化使命」，深信儘速「西化」，才是幫助這些落後的國家進步的捷徑，因而把重點擺在社會改革上。對他們而言，從事這些社會工作，就等於是傳福音，所以又被稱為「社會福音(Social Gospel)派」。由於對世界未來的發展懷著樂觀的態度，因此在末世論方面，他們絕大多數是屬於「後千禧年派」，深

信美好的遠景（即「千禧年」）即將來到。他們在教育、醫療、社會改革及政治參與上貢獻很大，但是卻逐漸失去宣教的熱忱。

然而十九世紀末，一波波福音奮興運動的浪潮，藉著芬尼(Finney)、慕迪(Moody)等佈道家，曾直接間接地推動了宣教的事工。但是由於自由神學的興起，激起極保守的一些基督徒與之抗衡。在 1909-15 年間，這些持守傳統信仰的人出了一系列《基要信仰》(The Fundamentals)的小冊子，所以他們被稱為「基要派」(Fundamentalist)。

「基要派」(後來又稱「福音派」(Evangelicals)在末世論方面，絕大多數是持「前千禧年派」及「時代論」的觀點，對社會未來的遠景，多半持較悲觀的看法。他們在宣教方面的重點，乃是拯救個人靈魂，但是難免對社會整體的病態顯得有點漠不關心。可是他們宣教的熱忱，卻一直有增無減。

由於美國的主流教派，除了美南浸信會之外，多半是由「自由派」掌權，因此這些「基要派」的獨立教會（很多稱為「聖經教會」），多半鼓勵他們的宣教士加入信心差會，以致於信心差會的宣教士大多數是來自於「基要派」的教會。

十九世紀末，「社會福音派」與「基要派」的路線之爭，由西方國家延燒至宣教地區，往往彼此水火不容。以中國為例，「福音派」以內地會創辦人戴德生為代表，主張傳揚「純正福音」，雖他們也辦學校、建醫院，但卻是附屬在福音工作之下的。「社會福音派」則以廣學會的李提摩太(Timothy Richard)為代表，主張社會服務、文字工作與傳福音並重。後期「社會福音派」的宣教士，甚至主張以社會

服務來取代傳福音。兩派爭執不下，最後在二十世紀初，終於分道揚鑣，各行其是。後來許多「社會福音派」(如青年會)已漸行漸遠，幾乎完全喪失福音的使命與信仰立場。

在十九世紀，大部份的在華基督教宣教士屬於「福音派」，但是到了二十世紀初，越來越多的「社會福音派」宣教士來華，從事醫療、教育等類的工作。這個路線之爭，後來也出現在中國教會領袖之間。例如基督教青年會的吳耀宗是「社會福音派」的典型代表，而北京的王明道、聚會所的倪柝聲、學聯會的趙君影則是「福音派」的領袖。兩派雖然都對基督教在中國的傳播各有其貢獻，但是在基督教與中國文化的會通上，兩派都做得還不夠 。

譬如說李提摩太致力於介紹西方的文明、科技到中國，並與上層人士多有往還，對梁啟超等維新派人士影響很大。可是中國知識份子卻採取「接納西方文明、撇棄基督教」的兩面手法。而到了1900年之後，廣學會的報紙和書籍，已漸被中國人自辦的商務印書館等所取代；官辦的中、高等學校數目也漸漸遠超過了基督教辦的學校(尤其在 1920 年代「收回教育權運動」之後)，所以「社會福音派」在中國的影響力大為削弱。相反地，內地會近千名的宣教士在中國各地，則很少和知識份子打交道，因此在文化會通上，貢獻很少。

3. 二次大戰後：逐步再度回歸「文化」與「福音」並重之路

二次大戰後，一方面原先「理性主義」的樂觀心態消失了，加上自由派的教會和機構日漸末落，宣教士人數及宣教經費銳減，使「社會福音派」不再成為宣教工場的主流派。但是在拉丁美洲，更激進的「解放神學」出現了，他們幾乎

徹底的放棄靈魂得救的想法，而不擇手段地(甚至用暴力)去謀求社會的變革。

相反地，福音派教會戰後卻蓬勃發展，勢力漸增。但是福音派也開始反省過去的宣教策略，逐漸看見自己在「文化宣教」方面的缺失。1966年，在柏林世界福音大會上，葛理翰牧師提出傳福音與社會關懷的關連性。因此後來以史托德牧師(John Stott)為首的有些福音派神學家，在1974年的洛桑世界宣教大會，就提出宣言主張宣教的「雙重任務」(Two Mandates)，但是仍強調「福音責任」的首要性及根本性[5]。然而既然宣稱「傳福音」是首要的，似乎暗示社會責任是次要的，或是可有可無的。然而在1983年福音派神學家們，在「世界福音團契」(WEF)的諮商會議中，修正了這個立場，對宣教的「雙重任務」就有一個更平衡的處理，最後簽署了「惠頓宣言」(Wheaton Statement)。

同時，近年來以自由派為主的基督教「合一運動派」(Ecumenicals)及天主教，也開始有類似的共識，承認這「宣教的雙重任務」之不可分割性。這是一個令人鼓舞的發展。

第三節　聖經的角度：平衡的觀點

1. 馬太5:13-16：「光」與「鹽」

耶穌在馬太福音「登山寶訓」中，緊接著八福之後就提到「天國子民的使命」，也就是成為「世上的光及世上的鹽」。但是具體的來說，什麼是「世上的光」及「世上的鹽」呢？史托德牧師(John R. W. Stott)認為，「世上的鹽」強調我們的社會責任，為的是消極地防止社會腐化；而「世上

的光」則強調我們的福音責任，為要積極地使福音的「真光」能照在黑暗裡，引導人歸正 **6**。

因此基督徒在擔任「世上的光」及「世上的鹽」這兩重角色時，不應該有所偏廢，或有所取捨，而要兼顧兩者不同的功能，因為今天我們所處的社會，同時需要光和鹽。

但是耶穌也警告我們：鹽不要失了味道；光不要被遮蔽。由於以色列一帶的鹽都是「岩鹽」，裡頭有許多白色但不溶於水的礦物質。因此，當真正的「鹽分」(即氯化鈉)溶化殆淨，所剩下的就是「失了味的鹽」。基督徒之所以對這個社會有影響力，就是因為我們有與眾不同的特質。如果我們不知不覺地被世界「同化」了(羅12:2a)，我們就成了「失了味的鹽」，也不再有改變世界的能力了。

另一方面，如果「光」被遮蓋，就會失去光的功能。今天社會的壓力，及我們內在的膽怯，都會使有些人寧願選擇隱藏我們基督徒的身份，以致於這個世界顯得更加黯淡。我們必須勇敢地挺身而出，使明光照耀（腓 2:15）。

2. 林前 9:19-23：「向什麼人作什麼人」

當保羅提到他為使別人得到福音的好處，他就「向什麼人作什麼樣的人」時，這是個大膽的宣告，也成為往後基督教宣教最重要的指導方針之一。但是這種「調適原則」只限於文化或生活方式嗎？是否也包括其他的層面呢？也就是說，一個宣教士要如何與他宣教的對象「認同」？認同到什麼程度？

如果你在都市的貧民窟中宣教，那些窮人的掙扎及痛苦你能感同身受嗎？你能放下你的身分、特權及地為，去「俯就卑微的人」，去親身體會他們的感受嗎？其實這就是耶穌

「道成肉身」的意義。

十八世紀下半的約翰衛斯理所領導的「福音復興運動」，不但是近代福音派運動的先驅，而且在社會改革上(如協助文盲識字、禁止販奴、獄政改革、改善勞工環境等)，貢獻良多。因為衛斯理在「帳棚佈道」所帶領信主的人，大多數都是農人、礦工及工廠的工人。衛斯理身為牛津大學的高材生，卻在這些目不識丁的下層人士中孜孜營營地事奉。然而他也看出，除非教導他們識字，否則這些人不僅信仰無法紮根，他們的生活也無法改善。所以循道會的會友包爾(Hannah Ball)發起了「主日學」事工，後來由聖公會的雷克斯(Robert Raikes)予以發揚光大。這個原本是為失學的勞工及農人所預備的「識字班」，後來卻成為教會中基督教教育最重要的一環。而且英國的主日學運動，帶動整個社會向全民義務教育跨出第一步。

所以約翰衛斯理在實踐保羅「向什麼人作什麼樣的人」的原則時，是以他睿智的眼光及愛心，採取長遠的規劃及切實的行動，來改善英國因「工業革命」而導致的社會問題。

3. 雅各 2:15-16：愛心的落實

雅各書對教會中的貧富懸殊現象提出了深刻的針貶。他指責有些教會對富人另眼相看的不公，警告信主的財主不要因財富自誇，也提醒信徒對窮人不要袖手旁觀。雅各認為，對物質有缺乏的弟兄，只虛情假意地提出「口頭的關心」(lip service)，是信心沒有行為的表現，這種信心是死的。

因此，雅各的提醒使我們思想：我們是否忽略了教會中許多「弱勢團體」？例如在台灣及香港、北美的華人中產階級教會，是否會使藍領階級的人望之卻步？在中國，由於鄉

村人口外移，使鄉村的教會大量失血，都市的教會看到鄉村教會的匱乏，有沒有具體的行動來幫助鄉村的教會？這都是我們該思考的問題。

第四節　宣教的雙重使命之實踐

1.「福音宣教」是收割，「文化宣教」則是鬆土、培土與撒種的工作。

　　在《預約心靈沃土》一書中[7]，作者唐斯(Tim Downs)曾將「福音宣教」比喻為收割，而「文化宣教」則是鬆土、培土與撒種的工作。換句話說，「文化宣教」是一種福音預工，預備人心來領受福音。唐斯提醒我們，「收割和撒種並不是彼此衝突的傳福音方式，互別苗頭，而是兩種互補的角色，各有各的重點與作法。」[8] 但是我們往往急功好利，不先耕耘就期待有好收成，難怪得到令人失望的結果。

　　今天許多教會推動的「短宣」往往偏重福音出擊，個人佈道等活動，而屬於長期耕耘的工作就乏人問津了。正如唐斯所提醒的，「好土」是需要花代價與時間去預備的，而不是天生的。有的土壤需要調整酸鹼度，有的土地要去除地底下的石頭，也有的土壤需要加「人工肥料」。這些都可以做為我們在擬定福音策略時的思考方向。

2. 文化更新及社會改革的成功，仍有賴於社會上有足夠數量與品質的真信徒。

　　當們談到基督徒的社會責任及「文化宣教」時，福音派(也包括奧古斯丁、加爾文和衛斯理)強調，文化雖是墮落的，卻是可以被轉變的，甚至有可能藉神的能力及恩典被更新。換句話說，文化雖然有污點，但其本質並非罪惡，而歷

史正是顯示神在轉化及更新人類及文化的實況。

　　事實上聖經中以色列的先知們苦心孤詣地呼喚，正是不斷地提醒世人：神不僅關心每個人的得救，也期待文化和社會風氣都得更新。耶穌也提醒門徒們：他們是世上的「光和鹽」，因此他們在這個墮落的世界中，有特定的角色需要去扮演。同時也暗示，經由他們的影響，這個世界及其上的文化，有可能被轉化。

　　因此，從基督教的觀點來看，每個民族的「文化更新」不是由外界引進的「文化移植」，而是每個民族的人們在他們生活及工作的環境中，透過基督教信仰對他們自己人生的重新界定與重新整合後，所獲致的一種新詮釋。因為信仰上的轉變往往會導致思想的「轉化」，最後也會在價值觀和行為上產生變化。所以，「文化更新」是目的，「文化轉化」則是過程。

　　接下來，這種「轉化」也會產生行動，在社會環境中造成影響。耶穌曾在天國的比喻中(太13:33-35)，以「麵酵」為例來說明其作用。少數的信徒在社會中，好比少許麵酵在麵團中，但是這些麵酵卻能使整個麵團都發起來了。耶穌的比喻有一個重要的意義，　那就是說，每一位信徒都該是「麵酵」，也就是「生物性催化劑」，來「催化」整個社會的轉化作用。

　　但是基督教所說的「轉化」是漸進的，而非速成的；是潛移默化的，而非立竿見影的。基督教對這個世界所能提供的，不是一套歷久不變的經濟或政治方案，不是一種劃一的文化形式，而是一些「新人類」。他們在信仰上被更新，成為新人，因為「若有人在基督裏，他就是新造的人；舊事

已過,都變成新的了。」(林後5:17) 因此他們對人生有新的
透視,新的領悟,透過他們,更公正、更合乎人性的經濟和
政治方案可以被提出來,更優美的文化也可以被創造出來。

換句話說,基督的福音不是提供一套新的文化的、政
治的、經濟的外在「形式」,而是提供新的「人類」。這些
「新人」乃是從內心開始被「更新」,因此有嶄新的價值觀、
人生觀和世界觀。但是經由這些「新人」,許多新的外在形
式〔諸如文學、藝術、政治、經濟、科技等〕可以源源不斷
地被創新。這才是「文化更新」的意義。

但是文化更新及社會改革的成功與否,常常取決於社會
上是否有足夠「數量」與「品質」好的真信徒。而信徒的「量」
與「質」問題,卻又有賴於「福音宣教」的事工。從歷史來
看,十八世紀法國大革命與美國獨立戰爭兩者有鮮明的對
比,是一個很好的例子。美國獨立戰爭是在美國靈性的「大
奮興」之後發生的,又有後續的「福音復興運動」支撐,因
此民眾的靈性及道德基礎較穩固,所以民主的改革較能夠循
序漸進,使美國成為世界上第一個民主化的現代化國家。但
是法國大革命卻在人民靈性極為低落的狀況下發生,以致民
主運動功敗垂成。

3. 傳福音是每位信徒的責任;文化使命每個人卻有多重的選擇。

從「大使命」的觀點來看,傳福音、領人作門徒是每位
信徒無可推諉的使命;文化使命雖是必須的,做法上卻是有
多重選擇性的。也就是說,要執行文化使命可以經由經濟措
施、道德教育、社會改革、法律制度種種不同的切入點來進
行。

　　因此，每個基督徒要依據他個人的恩賜、呼召、負擔、工作崗位及背景，來決定他投入的方向及領域。例如為要使我們所處的社會達到「均富」的目標，我們需要好的基督徒財經專家，來擬定公平、有效率的財經政策。台灣在1960-85年代，在經濟上一方面能夠高速發展，另一方面又能使貧富差距縮小，就是因為歷任的財經部長中，有許多像李國鼎、王建瑄、林振國等基督徒的影響。同樣地，我們也需要有基督徒的企業家、科學家、工程師、教師和各行各業的人士，來一起改造我們的社會。

　　另一方面，若是基督徒們能集體來採取行動，則對社會的影響及果效將會更大。台灣地區的數百位基督徒教授及專業人士，在一九九○年成立了「基督徒信望愛社」，他們就是期望藉著基督徒們集體的行動，來對社會產生衝擊和正面的影響。他們推動了許多計畫，都得到社會很好的迴響。其中一個是推動在各大學開一系列的「專業倫理」的課程，其中包括「工業倫理」、「生物醫藥倫理」和「經濟倫理」等課程，由該校的基督徒教授們聯合執教。目前台灣各大學大部分都有類似的課程。這是一個很成功的例子。

　　也有些地區的基督徒會選擇從一些社會問題著手，共同發表宣言，或上街頭示威，或藉著投票選出贊同他們主張的官員或民意代表，來推動他們的想法。但是我們必須注意的是，我們需要仔細思考：在這些議題上，有沒有什麼清楚的聖經教訓或屬靈原則可以依循？否則我們不宜以基督徒的立場來發表我們的觀點，以免介入一些見仁見智的爭議之中。舉例來說，像墮胎、雛妓、同性戀合法化等問題，基督徒應該有明確的立場。但是對於財經政策、教育措施、政黨認同、台灣的統獨路線、興建核能電廠等問題，則基督徒不宜

任意以「基督徒的觀點」來支持或排斥任何一種方案。

4. 文化宣教是「治標」的；福音宣教才是「治本」的。然而我們必須標本兼治，甚至有時得先治標，然後才治本。

從聖經的真理來看，我們承認文化宣教只是「治標」的手段，而福音宣教才是「治本」的。然而有時我們必須「標本兼治」，甚至有時得先治標，然後才治本。正如為車禍受傷的人進行急救時，止血只是治標的手段，真正治本的得開刀或接骨。但是救護車來的時候，總是先做止血及綁繃帶的工作，因為不如此，病人可能在上手術台以前已經沒救了。

同樣地，我們不要因為文化宣教或社會關懷只是「治標」的，就忽視其重要性。在這方面，佛教的「慈濟功德會」有一些策略值得我們借鏡。證嚴法師從不諱言「慈濟」是一個道道地地的佛教團體，也以宣揚佛法為己任。但是「慈濟」之所以強調行善，是因為她認為要先引人入「善門」，再引他入「佛門」。換句話說，對她而言，入善門只是手段，入佛門才是目的。「慈濟」之所以在台灣的形象很好，影響力越來越大，這個策略的成功是不容忽視的。

然而今天基督教需要避免的錯誤，一個是將「文化宣教」的手段當成目的；另一個錯誤是只談論「目的」，卻從未研究過達到目的的有效途徑為何，以至於總是紙上談兵。前者的例子很多，例如許多台灣的教會附設幼稚園，美國的華人教會有的則設了中文學校，但是這些學校大多數並沒有發揮什麼福音的功用。因此美其名曰「社區服務」，其實有的幼稚園成了教會的搖錢樹，有的中文學校則只是以「發揚中華文化」為目的了。這些都是需要檢討的。

1　艾偉傳，《佈道生活化》，亞洲歸主，1987, p.75-81. 原著：Joseph C. Aldrich, *Life-Style Evangelism, Multnomah,* 1981.

2　Kenneth O. Gangel and Warren S. Benson, *Christian Education:* Its History & Philosophy. Chicago, IL: Moody, 1983, 108.

3　Christopher Dawson, *The Formation of Christendom.* Sheed & Ward, Inc. 1967, p.160.

4　同上, p.292.

5　David J. Bosch, *Transforming Mission,* p.404-05.

6　John R. W. Stott, *Christian Counter-Culture: The Message of the Sermon on the Mount,* IVP, 1978, p.64-67.

7　唐斯(劉良淑譯)，《預約心靈沃土》，校園，2001。原著：Tim Downs, *Finding Common Ground,* Moody Bible Institute, 1999.

8　同上，p.160.

第九章
宣教的處境化問題

　　由於宣教學學者早已注意到文化與宗教之間的錯綜複雜關係，因此如何使宗教在不同文化中，能適切地被傳達甚至被接受，就成為廣受重視的問題。早期的學者常常討論有關「本土化」或「本色化」(Indigenization)的問題，但是近代的基督教宣教學者則多半集中在討論「處境化」(Contextualization)的問題。

第一節 「處境化神學」的發展

　　「處境化」的名詞最早是在1971年出現在「普世基督教協進會」(WCC)的一份有關神學教育的的建議書上，值得注意的是，在這個神學研究小組中領銜的，是台灣的神學家黃彰輝，成員中還包括諾貝爾和平獎得主南非的圖屠(Tutu)主教。這個小組希望針對各地區政治、經濟和社會不同的狀況，特別是第三世界的情形，提出有關未來神學教育的方向及建議。

　　在他們提出的建議書中，明確地要求以「處境化」來代替早期慣用的「本色化」這個名詞。他們認為，「本色化」主要是由傳統文化的角度，去回應基督教的福音；「處境化」則除了考慮這點之外，還加上從政治、經濟、科技和社會公義等其他角度來回應。因此「本色化」強調「自立、自養、自傳」的「三自原則」；而「處境化」則進一步期望發展自己的神學体系[1]。但是在最初的報告書中，又將處境化神學分為「進化式」（如政治神學等）及「革命式」（如解放

神學、婦女神學、黑色神學等）兩種附屬分類。但是每當提到「處境化神學」時，特別是自由派神學家們，幾乎都是提到「革命式」的觀點。

事實上，自從士萊馬赫提出「神學是受時空環境所左右」的觀點之後，神學家們已經越來越注意到，「處境」(contex)對經文的解釋及應用的影響。但是二十世紀的詮釋學大師雷寇(Paul Ricoeur)主張，每當讀者在讀一段經文時，他事實上是在「創造」經文。經文的解釋不僅是文學的演練，更是社會、經濟、政治的演練。因此處境化神學其實是代表神學思維的一種「代模轉移」(Paradigm Shift)。

處境化神學宣稱它們與傳統神學的知識論已經分道揚鑣了。他們（尤其是自由派神學家）強調傳統神學是由上層菁英份子傳遞下來的；主要的來源除了聖經之外就是哲學；而主要的對話者是受教育的非信徒。處境化神學則是由下層上來的；主要的理論基礎是社會學；而主要的對話者是窮人及社會上的「邊緣人士」[2]。

包胥(David J. Bosch)指出[3]，這種新的知識論產生下列一些影響：

(1) 越來越多的人懷疑：不僅西方的科學和哲學，甚至西方的神學都可能只是為西方「服務」的。

(2) 新知識論拒絕接受「這世界是一個等候解釋的靜態對象」的觀點。

(3) 強調向窮人及邊緣人士委身，重點不再是「教義的純正」(Orthodoxy)，而是「實踐上的正當」(Orthopraxis)。而「實踐上的正當」的目標，是藉著知識和愛轉變歷史，來醫治數以百萬計的無辜受害的群眾。

(4) 在這個模式中，神學家不再是屋頂上的孤鳥，他的神學只能在他與受害者站在一起時才能建立。

(5) 重點是「做」神學(***doing*** theology)。換句話說，用「行動」來詮釋，比認知或說話都重要。

(6) 處境化神學的優先次序是藉著所謂的「詮釋圈」(Hermeneutical Circle)，由實際經驗（特別是第三世界的邊緣化經驗）開始著手，然後才進到「反思」的第二階段。傳統神學是以理論優先的，但是處境化神學則反其道而行。然而理論與實踐(praxis)卻是相輔相成、攜手同行的。

無疑的，這種激進的知識論及處境化神學的觀念，一方面受到後現代主義及存在主義思潮的影響，另一方面也延續自由神學對聖經的批判態度。雖然如此，我們也不能因此排斥處境化神學所給我們的啟發。

因此，「處境化」是一個更寬廣的名詞，較能涵蓋宗教在文化中傳播所需要探討的各項問題。雖然目前仍有少數人對於「處境化」這名詞有所保留，大多數的基督教宣教學家和神學家，無論是屬於自由派或較保守的福音派，都已能接受「處境化」的概念，只是在立場和方法上有相當的差異。

第二節 「處境化神學」的意義與方法

然而問題是：所有的人對「處境化」的理解都不相同，造成莫衷一是的現象。在基督教神學家中，對於「處境化」的意義與方法，隨著他們的神學立場，大致上可分三種不同的看法[4]：

	正統派	新正統派	自由派
對聖經的立場	聖經是神的話	聖經包含神的話	聖經是有關神的話
處境化的意義	使徒型	先知型	綜攝型
處境化的方法	教導法	辯證法	對話法

1. 正統派：

　　「正統派」的神學家即一般稱為福音派或保守派的神學家，他們堅持聖經是聖靈所啟示的書，雖透過人手所寫，卻是神自己的話。聖經的啟示固然有作者本身的文化背景，但是真理卻是由神直接啟示，是超越文化(Supracultural)的。

　　對他們而言，「處境化」的目的，就是要將那福音中不變的真理，也就是「使徒」們所傳的福音，在不同的文化及社會處境中忠實地表達出來。他們體認到聖經的啟示，並不是「非文化」(acultural)的，但是他們更強調福音信息的「超文化」特質。因此這種處境化的方法稱為「使徒型」(Apostolic)的。他們強調要竭力保守使徒們一次交付的真道，並以最適切的處境化方式，將信仰落實在信息接收者的文化中。

　　作為一個福音的傳播者，乃是透過「教導」(Didactic)的方法，將福音的本質及其應用傳遞出去。他首先必須充份了解聖經作者當時的處境，才能掌握住作者的原意；然後他也必須了解讀者或聽眾現今的處境（包括他們的信念體系）。在方法上他要建立一個溝通的橋樑，才能使聖經的教訓能落實在非信徒現實的生活中。最後的結果是他們靈性的更新。

2. 新正統派：

　　這是由德國神學家巴特(Karl Barth)在二次世界大戰後

所領導的新神學思潮，也是當今福音派之外的基督教神學思想主流。他們深受存在主義哲學家如齊克果（Soren Kierkegaard)等人的影響，強調個人的、主觀的、現今的體驗。他們雖然認為，聖經是獨特的書，其中也「包含」了神的話，但他們不承認「聖經就是神的話」。因為他們主張：聖經也是人的作品，是有缺陷的。

對他們來說，「處境化」就是扮演先知的角色，針對所處的政治、經濟和社會現況發出回應。他們嘗試著去分辨神對他們的處境所說、所做的，然後去宣揚，甚至去做出必要的改變。其中有一些解放神學家，可能看重在現實環境的掙扎所得到的亮光超過於聖經。但是也有一些神學家偏重由聖經反省所得的亮光。

以南美洲的「解放神學」為例，他們在處境化的過程中，往往先由社會現況的苦難著手，而非藉著聖經的啟迪；他們尋求的是生活環境的改善，而非人性的「再生」(regeneration)；他們強調「社會結構性的罪」多過於個人的罪性。他們對歷史的解釋是透過馬克斯主義，然後經由階級鬥爭，用「辯證法」的方式來創造新的處境。因此處境化的結果乃是對福音的「政治詮釋」。

3. 自由派：

在中國早期又稱之為「新派」，他們以批判的角度來看聖經，否定歷史教義的傳統及「聖經是聖靈所啟示」的觀點。對他們而言，聖經全然是人的作品，是記載那些聖經作者對宗教和神的體會而已。這一派的神學家否定基督教的獨特性，他們認為基督教與其他宗教一樣，都含有一些寶貴的真理。因此，基督教的教義必須隨人的認知及文化傾向而改

變。

因此，他們要藉著與其他宗教或文化「對話」(Dialogic)的方式，去探索真理。他們想要包容各種文化、宗教及意識型態，去蕪存精地選取各家精華，以產生一個新的信仰，甚至超越原有的任何一個。因此多瑪(M. M. Thomas)公然地稱之為「基督為中心的綜攝主義」(Christ-centered Syncretism)。所以對他們而言，「處境化」就是是「綜攝化」的意思。而建立處境化神學的途徑，就是藉著「宗教對話」。

第三節　「處境化」在文化上的應用

一般而言，處境化的應用有文化上的及神學上的兩個不同的層次。在神學層次上應用的問題，在下一節將另行討論。在文化層次上，當宣教士到達一個新的宣教地區時，馬上會與當地原有的文化接觸。通常他們對當地「舊文化」的反應大致上有三類：「全面排斥」、「全盤接收」或「批判式處境化」[5]。

1. 全面排斥：拒絕處境化

早期的宣教士對當地的原有文化通常採取全面排斥的態度，因此擊鼓、舞蹈、服飾、儀式、葬禮等等，都被視為與原有宗教有關，而與基督教互不相容。宣教士採取這種立場的部分原因是「種族中心主義」作祟，另外一個原因是對當地文化的瞭解不夠深入。

這種態度有兩個問題，第一，這會造成「文化真空」的狀態，以至於只好用宣教士的文化及習俗來取代。於是信徒都穿上西裝洋服，彈風琴、唱巴哈的聖樂，教堂都是歐美式

建築。難怪基督教被視為「洋教」，當地信徒也被視為異類，遭到本族人的孤立。

第二，這會使原有宗教儀式和文化走入「地下化」，最後甚至與基督教某些儀式或習俗結合成混合式的宗教。例如墨西哥人所虔信的「黑色馬利亞」，其實是原始印地安宗教與天主教結合的產物。有時這種混合宗教造成的後遺症更多。

第三，全面禁止傳統文化的結果，會使宣教士及教會領袖成為「警察」，要常常取締信徒們不合適的行為。這使得信徒們靈性無法逐漸成熟，因為他們總是無法自己來分辨、做決定。

2. 全盤接收：「非批判式的處境化」
(Uncritical Contextualization)

近代有許多宣教士，尤其是自由派的宣教士，往往對當地文化不加思索地採取「照單全收」的政策。「多元化」觀念使他們對所有的文化都採取尊重的態度，而且認為原有的文化基本上都是好的，所以變動越少越好。

這樣做也有兩個顯著的弱點：第一，它忽略了文化與個人一樣，都會被罪所污染。許多社會中存在著奴隸制度、雛妓、種族歧視等罪惡，也有拜偶像、巫術等異教迷信，宣教士除了希望將福音以當地可接受的方式傳達外，也應該要對這些個人的及集體的罪惡發出挑戰。

第二，這種照單全收的方式，也很容易鼓勵混合式宗教的蓬勃發展，以致於造成魚目混珠。許多過份強調「處境化」的宣教士，往往走入這個誤區，以致於無形中促成綜攝

主義的結果。

3. 選擇性的接收：「批判式的處境化」
(Critical Contextualization)

　　對當地原有之傳統文化的第三種態度，乃是在接受或排除之前，都要先經過慎重的檢驗，這稱為「批判式的處境化」。最適合做這種工作的人，不是外來的宣教士，而是本地的信徒領袖。因為只有他們對自己的文化了解最深，對各種符號、儀式的涵意感受最切，所以任何的改變或決定，他們的參與是絕對必要的。

　　福音派宣教學家希伯指出，「批判式處境化」的步驟包括下列幾個：

　　(1)文化的解析。也就是將文化的符號及意義，儀式與功能加以詮釋。其中包括喪禮、婚禮、成年禮、音樂等。這最好由當地的信徒集體來進行，宣教士則只擔任原則性的輔導工作。

　　(2)聖經的詮釋。這要從聖經作者的時代背景中去解析，以找出作者原意。這通常需要由宣教士或牧師來主導進行。

　　(3)批判式的回應。也就是依據由聖經所得的新亮光，去重新評估自己的文化。這個階段最好也是由當地的信徒集體來進行，因為他們必須自己做決定。因為若是他們以共識做出決議，就比較不會在暗中偷偷又重操舊習。

　　(4)處境化的應用。將基督教的內涵，以適合當地文化與處境的新形式或新符號來表現出來，也有可能以原有的符號系統，經由新的詮釋，賦予新的(基督教的)意義。這可以

由當地的信徒與宣教士共同來決定。

　　所以，在「處境化」的過程中，一些傳統習俗可能會被排除，也有一些習俗會經過修改而保存下來，但是已被賦予新的涵意。例如基督教在十二月底慶祝聖誕節，其實那原是羅馬異教神祇的生日，如今已被「借用」了；基督教的禮拜方式，是仿照早期猶太教敬拜的儀式；還有十八、十九世紀英國的「循理會」大奮興時期，衛斯理兄弟用了一些民歌的曲調，配上基督教的歌詞，就成了風靡一時的「聖詩」。在台灣，許多客家庄的基督徒用家譜取代祖先牌位，放在原有的神案上，藉以表示「慎終追遠」之意，這也是很有創意的作法。

　　在討論如何向回教徒傳福音時，帕夏曾討論處境化的程度問題[6]。他引用了另一位長期在回教徒中宣教的宣教士所發展的 C1 到 C6 的處境化指標來比較：

類型	特　　質
C1	典型的西方式教會，有部分回教背景的信徒參與其中，但與回教社區壁壘分明。
C2	除了語言採用當地通俗語言外，與C1幾乎完全相同。大多數在回教世界的教會都是C1或C2型的。
C3	他們除了語言外，也採用一些經過過濾，較為中性的文化方式（如服裝、民俗音樂、藝術作品等）於崇拜中。在此型的教會中，大多數的信徒都是回教背景的。
C4	與C3型類似，但是也用了一些聖經許可的回教形式（如舉手禱告、禁食、不吃豬肉、不喝酒、不養狗，甚至用一些回教術語等）。教會及信徒雖然相當處境化，仍被社區中的回教徒視為「非回教徒」。

C5	他們將回教教義中與聖經抵觸的部分予以排斥或重新解釋，並承認耶穌為主。有時仍參加回教徒的禮拜。他們往往被回教徒視為神學上的「異端份子」，因此最終仍有可能被逐出回教社區。
C6	這是個別的或小群的「隱藏的」或「地下的」信徒。他們對自己的真實信仰往往保持沈默，因此很容易被其他回教徒仍然視為回教徒。

在上述六種典型中，C1 和 C2 是屬於「拒絕處境化」的，C3 和 C4 是屬於「批判式處境化」的，而 C5 和 C6 則屬於「非批判式處境化」的類型。其中爭議性較大的是 C4 和 C5 兩型。帕夏反對 C5 型的教會，因為研究者發現，在這種類型的教會中，仍有一半人接受《可蘭經》為聖書，並認穆罕默德為最大的先知，而且每週五參加清真寺的禮拜。雖然他們也都稱耶穌為「救主」，卻仍有一半的人不能接受「三位一體」的真理。這是明顯的宗教上之「綜攝」(syncretism)現象。所以，處境化需要屬靈的智慧。

第四節　「處境化神學」在神學上的應用

在基督教圈內，有關「處境化」的發展問題，基本上雖有共識，但是不可否認地，在神學層次上如何去發展也還有許多爭議。茲略舉比較重要的幾點申論如下：

1. 處境化神學「相對化」的危機

爭論最多的，莫過於各民族是否應發展各自的「處境化神學」的問題。長久以來，西方神學不但是主流神學，而且被認為有普世的價值。換句話說，傳統以來認為：具有永恆性及不變性的基督信仰，已經以最終的形式宣告了，那就是歷代的信條、教會規章等。

但是從處境化神學的角度來看，神學應該是連續性、實驗性的。因此，處境化神學不應該像系統神學一樣，將所有有永恆價值的系統，全部涵蓋在內。但是這樣會導致無數的彼此排斥的所謂「處境化神學」出現。這種「相對主義」的危機，不僅出現在第三世界，也在西方自由派聖經學者中出現。

有些處境化神學家主張，每一個民族或族群都應該發展其自己的「處境化神學」，因為每個民族都有其獨特的歷史和社會狀況，基督教的福音必須針對這些不同的社會問題，有所回應。於是許多不同地區的「神學」紛紛出籠，諸如菲律賓的「水牛神學」，韓國的「民眾神學」，台灣的「鄉土神學」，南美洲的「解放神學」，還有「黑色神學」、「非洲神學」等，不一而足。問題是：這些不同的神學系統，除了表現出多元化的特色之外，是否有「標新立異」之嫌？是否偏離了正統神學的立場？他們對其他地區的信徒有何啟發作用？對普世的教會有何貢獻？

對贊成「普世得救論」及「相對主義」的自由派和新正統派的神學家而言，上述問題都不算是問題。因為對他們來說，神學的「多元化」正是他們所追求的目標。但是對較保守的福音派學者來說，上述問題正反映出他們對「處境化神學」的疑慮。因為福音派學者深信，必然有些信仰的傳統，是所有的信徒（不分族裔、國家）所共同持有的，我們應該予以尊重與保留。因此在肯定神學的處境化特質的同時，我們應該也確認神學有普世性及超越處境的層面。真正好的處境化神學，應該是能兼顧神學的這個「辯證的」(dialectic)特質[7]。

2. 處境化神學「絕對化」的危機

與上述「相對主義」的危機相反的，是將某些特殊時空環境下發展出來的的處境化神學「絕對化」了。正如過去西方宣教士，曾將西方的神學立場予以「普世化」，強迫其他人接受一樣，今天一些第三世界的處境化神學家也在重蹈覆轍。

例如在1980年的墨爾本會議上，拉丁美洲代表強調他們的「解放神學」有普世的性質。這引起亞洲一些國家代表的反彈。他們認為，拉丁美洲的「解放神學」如果用來取代西方的神學，也要硬套在亞洲國家裡是不恰當的。因為亞洲國家所面臨的，是不同的社會狀況與壓迫。

另外一種絕對化的危險，特別出現在「解放神學」及亞洲神學的例子上。正如何光滬在批判宋泉盛的《第三眼神學》、《耶穌，被釘十字架的人民》等書時指出的[8]，宋泉盛過於簡單化及絕對化地將社會階級劃分成兩種人：富人、統治者、上層人士、男人、白人都是一切社會苦難的根源；而窮人、被統治者、下層人士、婦女、有色人種都成了正義的化身。這種過度簡化的劃分，不但無助於人類的和解，相反地會帶來暴力與革命（如文化大革命）。而這種錯誤，許多從事處境化神學的學者，都曾經有意無意地犯了同樣的毛病。

3. 如何發展處境化神學的爭議

有越來越多的福音派學者認為，發展「處境化神學」不僅是可行的，也是勢在必行的。當然在作法上、觀念上會與自由派或新正統派神學家大相逕庭的。譬如希伯就曾大聲疾呼，各民族都應該自行發展自己的「處境化神學」，他稱之

為「自立、自養、自傳」之外的第四個「自」，或可稱之為「自學」[9]。他認為一個成熟的教會不僅能獨立自主，也應該有能力發展他們自己的神學。但是應如何進行呢？希伯建議首先要瞭解《聖經》與神學之差異，其次要在人的處境中發展神學[10]。

也就是說，首先基督徒要瞭解，《聖經》與系統神學在本質上是完全不同的。《聖經》是記載神所啟示的客觀真理，系統神學是人對客觀真理的「歸納與解釋」。因此，從福音派基督徒的立場來說，《聖經》是無誤的，是有絕對權威性的；但是系統神學卻不是無誤、無偏見的。相反地，系統神學卻是被歷史、文化及社會現況所局限的，必然免不了帶有某種特定的眼光，同時也是在反應某些特定的需要及問題。

其次，既然沒有一種神學（包括西方的系統神學）是完全的、是絕對客觀的真理，因此，每個文化或社會，都應該在其處境中發展自己的神學，以用來回應特定處境下的特定問題。例如在中國，「祭祖」是一個特定的社會問題，是必須面對的神學問題。

但是值得注意的是，現在大多由自由派和新正統派神學家所發展的各種「處境化神學」，最為人詬病的，首先乃是缺乏聖經的依據。很多這類的神學是由社會現象或病徵著手，而非由聖經為起點。即便引用《聖經》，也常是以「斷章取義」的方法，任意扭曲聖經的原意及整體的教訓，以自圓其說。因為自由派和新正統派神學家傳統上對聖經的批判態度，使他們懷疑聖經經文能用來判斷處境。「福音」對他們而言，不是我們帶給處境的信息，反而信息是由處境所導

引出來的。但是我們認為，聖經中的福音信息才是「規範中的規範」。處境固然也是規範之一，卻是引伸出來的(derivative)，而且應該受福音的批判。

其次，許多「處境化神學」只偏重在特定時空環境下的特定問題，而非以各民族的共通經驗或共同問題為探討重點，使得這些神學固然展現出多元化的特質，卻缺乏普世的價值。但是按照福音派的觀點，在不同文化下發展「處境化神學」的目的，就是要產生一種「超越文化的神學」(Transcultural Theology)或「超神學」(Metatheology)來[11]。這種「超神學」仍必須是以《聖經》為本位的，是忠於聖經的。但同時它卻是超越文化界限的，其眼光也不是局限在一時一地的特殊處境或問題，而是跨越時空的神學。因此，不同社會及文化下的「處境化神學」，可以彼此對話、彼此學習，以建立一個更整全的，或「全方位」的神學體系。

最後，桑奇士在分析處境化的各種途徑及方法後，建議以下的一些原則，作為神學處境化的參考[12]：

1) 在處境化的過程中，聖經必須是最後的權威，而不僅是參考或是次要角色。文化需要接受聖經的批判，不是用文化來批判聖經。

2) 在處境化的過程中，聖經「超文化」(supracultural))的成分應該保存。

3) 在透過反省來進行神學處境化、教會體制及福音策略的擬定時，本地教會領袖應該身居前線，宣教士反而要退居第二線。

4) 在進行神學處境化時，要延續正統神學的核心思

想，並與其他地區的基督徒群體保持對話，以免走向異端或「綜攝化」(syncretism)的歧途。

5) 在進行神學反省時，要避免綜攝化。因為神學處境化是有可能走向綜攝化的。主要的考驗是看聖經有沒有被扭曲或摻水。

6) 廣大的基督徒群體（特別是宣教士）要保持耐心及謙卑的態度，因為當新穎的觀念被提出來，及傳統的觀念受到挑戰時，他們很容易受到過份的批評。

7) 在分析社會及文化的處境時，我們必須用適當的工具。我們要避免運用一些有政治或意識型態成見的的工具（如馬克斯主義），來分析社會問題，以免陷入誤區。

8) 要運用能正確對待聖經及社會文化的處境化模式，來進行神學處境化。

第五節 其他宗教對「處境化」的態度

由於不同宗教對其宗教經典的評價及態度各不相同，因此，對於宗教在不同文化時空環境中「處境化」的必要性及作法，也有很大的出入。在此我們將簡略地介紹日本神道教、印度教、佛教和回教的態度及實例 [13]。

1. 日本神道教

日本神道教所代表的，是一種以神話故事為骨幹的宗教，這些神話的來源通常無可考証，但是在人們的心中，它們仍代表著神的啟示。日本神道教所依據的是八世紀左右的《日本誌》等神話故事，大多數學者都同意，那些神話的歷史記錄有許多穿鑿附會之處，目前也很少日本人會很認真地

相信那些神明的存在，但是日本人仍習慣性地在節期到神社去頂禮膜拜一番。

在太平洋戰爭期間，日本軍國主義者以「處境化」的方式，將日本天皇與神道教的上古神話故事結合，說服日本人相信天皇是神明的化身，藉此發揮了極大的效用，數以百萬計的日本人為天皇獻身。二次大戰末期，日本「神風特攻隊」的自殺式攻擊，都顯示出這種策略的影響力。

但是日本軍國主義者，是如何說服日本的知識份子相信這種狂熱的神話故事的？他們當然沒有嘗試去考證那些神話的歷史性，他們只是巧妙地利用這些神話作為象徵性符號，而引導群眾產生信念。這就是神道教「處境化」的實例。

2. 印度教與佛教

印度教與佛教雖在基本教義上有別，但是兩者都強調只有「悟道者」(印度教大師、佛教的禪師或活佛)才能指點迷津，而非透過自己在經典的鑽研可以窺其堂奧。同時，兩者都是包容性極大的宗教。印度教囊括了很多不同的神明、經典及宗教儀式，因此，嚴格說來沒有一個可以明確規範的宗教可稱之為「印度教」，它是一個大雜燴。在某個程度來看，佛教也有類似的特徵。

印度教的經典分成幾種類別，最重要的稱為《吠陀經》(Vedas，中譯《智論》)，共有四部，都是在公元前1500至500年左右編輯而成的，最具權威性。另外還有一種叫作《經書》(Smriti)，其中又分《法經》、《天啟經》和《家庭經》三大部。這些《經書》不但數量極多，而且可以繼續擴充。佛教的經典也有類似的分類法，分為《經藏》、《律藏》和《論藏》三種。《經藏》是釋迦的教訓，經文都以「如是

我聞」開始；《律藏》是釋迦所講的戒律；《論藏》則是註釋、論著等。因此《經藏》與《律藏》的權威性最高，《論藏》則可以隨意添加。

但是在印度教與佛教中，這些經典的目的不是要提供客觀的、權威式的知識，而是要幫助人達到「悟」(Enlightenment)的經驗。因此，經典價值是取決於它的實用性、有效性及衝擊性，而不在於其是否為「原著」。由於印度教與佛教的這種特色，使得這兩種宗教在翻譯及註釋經典時，有極大的「自由度」。因此在「處境化」時，那些已經有悟道經驗的大師，幾乎可以隨心所欲地將自己的領受與經驗，添加在翻譯及註釋上，有時甚至與經典原意完全南轅北轍。日本禪學大師柳田聖山就曾指出，鳩摩羅什所譯的《法華經》有「常好坐禪，在於閒處，修攝其心。」的字句，這與梵語原文完全相反。

這種翻譯上的竄改，在以「啟示性經典」為主體的基督教或回教人士看來，是不可饒恕的錯誤，但是對佛教人士而言，這卻只是「處境化」的運用而已。或許這就是所謂「萬千法門，莫非是佛」的意思吧！也正是在這種精神之下，禪宗才提出「直指人心，不立文字」的主張。禪師在指點門生之時，可以完全隨意發揮，不受任何的限制。因著佛教這種特質，使得佛教在中國可以發展出獨具特色的中國佛教來，但是與原始印度佛教已大異其趣了。

3. 回教

在「處境化」的態度上，與印度教和佛教恰恰相反的乃是回教。回教徒們將《可蘭經》視為神直接透過先知穆罕默德所啟示的，是絕無錯誤的。對回教徒而言，《可蘭經》是他們信仰和生活的最高權威，同時，《可蘭經》是不能翻譯

為其他文字的，因為他們認為阿拉伯文乃是天上的語言。

正因這些特性，正統回教在處境化方面採取極端保守的態度：任何要接受回教信仰的人，嚴格來說，都必須先學會阿拉伯文及阿拉伯文化。因為《可蘭經》是需要教導、解釋、傳講的，但是不許翻譯。所以目前少數幾種語文的《可蘭經》譯本，都只被視為《可蘭經》的「註釋」，而不是「翻譯」。

不但在經典的翻譯上，回教採取極為保守的態度，在生活上，許多回教徒也採取非常保守的作法。直到今天，許多較保守的回教國家，仍採用一千多年前的回教法律及生活方式。在沙烏地阿拉伯，偷竊的人是要被砍斷手腕的；在伊朗及阿富汗，女人要遮住臉及全身。換句話說，對這些保守的回教徒來說，「處境化」就是回到過去《可蘭經》的時代處境中。

第六節　結論與反省

當我們談到基督教與任何文化會通時，我們強調，宣教士在傳揚基督教的福音時，必須使用與當地文化相容的途徑，才能有效地傳播。若將西方式的基督教全盤性地「移殖」到別的文化中，不僅行不通，也會水土不服。但是「本色化」與「處境化」也有其本身的潛在危機，其中最需要提防的，就是為了遷就當地文化，而逐漸失去其原有的特質，最後成為一個「僵死」或「變形」的本色化教會。

一個典型的例子，就是波斯傳到中國的「景教」。波斯基督教的宣教士在唐太宗年間來華，其本色化的程度不能說不深，但在兩百多年後，唐武宗「禁佛」的時候，景教也遭

池魚之殃，從此景教在中國被連根拔起，蕩然無存。學者在追究景教失敗的原因時，很多人認為，部份的原因是由於宣教士們在力圖本色化的過程中，犧牲了太多基督教的特色之故。事實上，有一千年之久，中國人一直把景教視為佛教的一支，許多景教的經典甚至被列入佛教《大藏經》之內。直到明末天主教耶穌會教士來華，才從《景教碑》的敘利亞文文字中，看出端倪。這是「本色化」卻導致失敗的實例。

正如華斯(Andrew Walls)所指出的，今天的教會正處於「本色化」與「朝聖化」(Pilgrim)兩個原則的張力之下**14**。「本色化」固然幫助各地的教會自立，但也使地區性教會有陷於各自孤立的危險。「朝聖化」則企圖保持基督信仰的普世性色彩，鼓勵各教會在忠於聖經教訓的前提下，朝向建立合神心意之教會的路上邁進。「本色化」強調「三自」原則，「朝聖化」則強調「普世」精神；「本色化」著重「現世」(this-worldliness)，「朝聖化」則注重「超世」(other-worldliness)。

但是，「本色化」和「三自原則」應該是基督福音在不同文化中廣傳的「手段」，卻不是「目的」；是「途徑」，而不是最終「目標」。那甚麼才是最終目標呢？許多福音派學者，尤其是那些持尼布爾所謂的「轉化派」立場的人，認為促使文化的「轉化」(Transformation)或「更新」(Renewal)應該是基督教信仰對各個不同的文化，當仁不讓的責任。

1 Paul G. Hiebert, *Anthropological Insights for Missionaries,* Baker, p. 195-224.

2 David J Bosch, *Transforming Mission: Paradigm Shifts in Theology of Mission,* Orbis, 1991, p.423.

3 同上，424-25 頁。

4 David J Heessslgrave & Edward Rommen, *Contextualization: Meanings, Methods and Models,* Baker, 1989, p.144-57.

5 *Anthropological Insights for Missionaries,* Baker, p. 183-90.

6 Phil Parshall, "Going Too Far?", in *Perspectives on the World Christian Movement,* edited by Ralph D. Winter & Steven C. Hawthorne, William Carey Library, 1999, p.655-59

7 同上，428 頁。

8 何光滬：〈「本土神學」管窺〉，《漢語神學學刊》第二期，1995，156-57 頁。

9 *Anthropological Insights for Missionaries,* p. 193-224.

10 Paul G. Hiebert, *Anthropological Reflections on Missiological Issues,* Baker, p.98-100.

11 同上，101-03 頁。

12 Daniel R. Sanchez, "Contextualization and the Missionary Endeavor," in *Missiology,* Broadman & Holman, 1998, p.332-33.

13 *Contextualization: Meanings, Methods and Models,* p.130-37.

14 Andrew Walls, "The Gospel as the Prisoner and Liberator of Culture." Missionalia, 10/3 (Nov. 1982): 92-105. 引述自 Sherwood Lingenfelter, *Transforming Culture,* Grand Rapids, MI: Baker, 1992, 16-17 頁。

第十章
宣教與佈道

　　在早期的基督教圈子中，通常把「宣教」(Mission)視為「海外宣教」，而「傳福音」或「佈道」(Evangelism)則是教會的本地福音事工。但是天主教的圈子裡，則通常比較喜歡用「宣教」這個詞。但是近代也有人將兩者混為一談，視為同義詞。因此宣教與佈道的相互關係為何？是值得探討的問題。

第一節　宣教的目標

　　有關宣教的終極目標，究竟為何？歷代以來都有些不同的觀點，茲歸納整理成如下的幾種：

1. 拯救個人靈魂：

　　早期的宣教士，如親岑多夫(Zinzendorf, 1700-1760)、克里威廉(William Carey, 1761-1834)、戴德生等人 都持此觀點。其實他們自己仍從事許多慈善及服務的工作，但是他們認為，拯救人的靈魂才是目標，其他的都是過程或手段而已。這也是目前多數福音派教會的立場。但是這種觀點的缺點是太強調「個人」的得救，而忽略了教會在整個神救贖計畫中的角色，以及教會集體地在社會中所應該發揮的功能。

2.「社會福音」：

　　由於自由神學的影響，十九世紀末開始有人提倡「社會福音」的路線，強調社會改革及社會服務。然而由於他們對社會改革的成效過於樂觀，又將「天國」的實現，等同於在

世界各地引入西方國家的社會制度，以至於在第二次世界大戰後，「西方至上」的神話破滅，「社會福音」也就銷聲匿跡了。固然其對宣教地區的貢獻，仍不可一筆抹煞，但是這些自由派的宣教士，既然放棄了耶穌基督福音的獨特性，也就失去原有的宣教熱誠。所以自1950年代以來，自由派教會的宣教士紛紛打道回府，反而是福音派的宣教熱潮有增無已。這種此消彼長的趨勢，可以看出「社會福音」路線的錯誤及後果。

3. 建立教會：

　　天主教是以建立教會為宣教的目的。因為他們一向將「教會」與「神的國度」視為同義詞，因此很自然地就全力擴展教會的組織。對天主教徒而言，他們所注重的，乃是那有形教會的組織，而不是那與神屬靈的個人關係。可是教會的成員，若沒有真正的屬靈生命，當然不能活出基督的見證來。目前許多所謂的「天主教國家」，正反映出這種觀點的盲點。在這些國家中，雖然名義上九成以上的人會自認為天主教徒，但是從社會的各層面來看，卻無法看出信徒光和鹽的見證來。

4. 建立合乎「三自原則」的教會：

　　十九世紀末有些基督教宣教士主張，應建立「自立、自養、自傳」的教會，宣教任務才算達成。最早提出「自立、自養、自傳」的「三自政策」的人是范恩(Henry Venn, 1796-1873)及安德生(Rufus Anderson, 1796-1880)，他們強調宣教士的主要責任，不是要去維持一個教會，而是要盡快讓地方教會能自立，而且訓練本地傳道人接手。但是實際上真正運用此原則最成功的是美國長老會宣教士聶維斯

(John Nevius, 1829-93)，他在山東曾提議用「三自政策」植堂，但是其他宣教士反應很冷淡。後來他應邀到韓國去分享，卻廣受歡迎。以致於福音傳入韓國雖較晚，教會發展卻遠比中國好。

這種「三自政策」雖然一直是十九世紀末之後基督教正式的宣教政策，但是並未真正落實。以至於在大部份宣教地區(除了韓國以外)，本地教會對西方差會的依賴性依舊很大，教會發展緩慢，而且有一些畸形的現象存在。在中國，1920年代開始有獨立教會(如真耶穌教會、聚會所、耶穌家庭、王明道的教會等)興起，「三自精神」才開始萌芽。

但是我們也必須注意：作為宣教的目標，這個「三自原則」卻可能有喧賓奪主之嫌，而且也很容易落入國家民族主義的框框裡去。因為「三自政策」本身，若從神國度的角度來看，仍是太狹窄、太膚淺，也太自我中心的觀念。而且從神的國度來看，主要的絕不是誰來負責錢財、教會管理和傳福音的問題。所以建立合乎「三自原則」的教會，也不應該是宣教的目標。

5. 教會增長：

1960年代開始，馬蓋文(Donald A. McGavran)等人強調教會的快速成長，他們建議應採用「同文化群體」(Homogeneous Group)的方式建立教會，並鼓勵以「群體歸主」的途徑來宣教。到了八十年代，「教會增長運動」在富勒神學院的領導下蓬勃發展。但是這種觀點的缺點是容易造成教會內的種族隔離，其次會因為盲目追求量的增長，而忽略了素質偏低的弊病。因此到了二十世紀結束前夕，越來越多人開始批判「教會增長運動」的盲點。現在取而代之

的，卻是「教會健康」(church health)的概念。因為健康的教會一定會適度地成長，但是快速增長的教會卻不一定健康。

雖然宣教的手段及途徑是多樣化的，然而宣教的最終目標應該只有一個，那就是「建立神的國度」。神的心意並非只是拯救個人的靈魂，而是要建立神的國度。可是神的國度並不等同於有形的教會，她是由歷代真信徒所組成的無形教會。然而有形的教會也應該彰顯出神的國度的榮耀來─無論在社會上或教會生活中。

第二節　佈道與宣教的正確概念

雖然對於「宣教」與「佈道」的概念固然人言人殊，然而我們應該建立如下的正確觀念[1]：

1.「宣教」比「佈道」涵蓋面廣，因此不能視為等同。

雖然「宣教」與「佈道」不可否認有些重疊之處，但是「佈道」通常比較強調直接地傳講福音信息，以達到領人歸主的目的。而「宣教」則可能包含各種的福音預工，以及超越文化的溝通。所以傳福音固然是宣教不可分割的一部份，但是宣教與傳福音仍然是明顯地有區別的。

2.「佈道」期望人的回應。

「佈道」涵蓋見證神過去、現在及將來的作為，因此傳福音包含了許多福音的「事件」，如神的創造、耶穌的事蹟、教會的發展等。所以傳福音固然期待人的反應，但是也不應該只是以眼前的果效（如多少人決志，多少人受洗等）來定成敗。相反的，宣教則應該被視為耶穌基督的福音透過

人的話語和行動，向世人表明出來。但是傳福音也的確期望人的回應。可是真正的「歸信」(conversion)應該包括「轉離」(turn from)與「轉向(turn to)。一個信主的人應該轉離罪惡及魔鬼的權勢，而轉向未主而活的新生命。但是這種的「歸信」卻是一生之久的過程。

3.「佈道」不等同於「教會增長」，也不是強調「歸依」某教會或教派，而應看重神國度的擴張。

當今「教會增長運動」過份強調量的增長，而忽略信徒靈性品質的提升；並主張放棄那些「貧瘠的土壤」，而集中力量在那些反應熱烈的「好土」中。這都是誤解了傳福音的真義。雖然我們並不是說人數增加不重要，我們只是強調：真正重要的是教會屬靈生命的增長，也就是「質」的提升，至於「量」的增長，只是其副產品而已。

4.「佈道」不僅要口傳，也需要生命的見證，及社會公義的落實。

但是只有人能夠對福音的信息有反應，因此我們是呼召人悔改，而不是呼召社會悔改。然而宣揚福音與行公義，卻是不可分割的。因為傳福音不僅是增加教會聚會人數，不僅是給予人永恆救恩的盼望，不僅是使人孤寂破碎的心靈得安慰，而是呼召人作門徒來跟隨祂。

第三節 佈道策略的再思

1. 績效不彰的傳福音方法

傳統上教會常用的傳福音方法不外乎開佈道會、舉辦福音營、街頭發福音單張、到公共場所作個人佈道、福音性探

訪等。但是有時某些方式往往效果不佳，究竟原因何在呢？讓我們來檢討一下一些教會常用的佈道戰術[2]。

(1)「金魚缸」(aquariums)戰術：

如舉辦大型佈道會，信徒只要將慕道朋友帶到「金魚缸」內，剩下的就看大牌講員如何「釣魚」或「撈魚」了。在這種情形下，大部分的信徒只是觀眾或是啦啦隊員而已，並沒有積極參與福音行動。所以常常是勞師動眾，收穫不多，而且成本太高。

(2)「狩獵」(safari)戰術：

如到公共場所或挨家探訪去作個人佈道工作，又稱「打帶跑」(Hit & Run)戰術。由於通常這種的探訪對象多半是陌生人，彼此沒有信賴感，而且不容易作跟進栽培的工作，以致於往往虎頭蛇尾。許多短宣隊常用此方法，初步看來成果豐碩，但是事後追蹤的結果，卻往往十不得一，令人失望。

(3)「突擊」戰術(Ambush)：

就是將不知情的慕道朋友帶到一個特別聚會中(例如福音營)，以密集「轟炸」方式將福音信息灌輸進去，期望會有好的反應。但是有時會造成慕道朋友的反感，而適得其反。

2. 個人佈道訓練的「迷思」(Myths)

許多教會為了鼓勵弟兄姊妹參與傳福音的事工，也常常舉辦各種個人佈道訓練，比較常用的有「學園傳道會」(Campus Crusade)的「福音四律」(Four Spiritual Laws)，「三元福音」佈道訓練(Evangelism Explosion)，及最近流行的

「阿拉法課程」(Alpha Course)等。但是雖然動機純正，但是也有一些似是而非的「迷思」(Myths)：

(1) 個人佈道訓練往往偏重傳授如何講述福音信息之內容及方法，而不是讓信徒以生命見證的感染力，來領人歸主。以至於傳福音成了只是單單用言語，而不能以生命來影響生命。同時，由於缺乏友誼關係的建立，及生命見證的彰顯，以至於所傳的信息對人缺乏說服力。況且許多個人佈道訓練的材料往往是由英文翻譯而來，缺乏「文化處境化」的修飾，往往在不同文化中產生格格不入的情況。如華人教會採用的「三元福音」佈道訓練材料，在與慕道朋友訪談的第一個問題是：「假如你今天晚上死了，你知道你會去哪裡嗎？」這在中國人當中，是非常突兀的問題，也是許多人的忌諱，這是典型的文化隔閡問題。

(2) 越是精密設計的個人佈道訓練，越容易使人誤以為只有少數受過特殊訓練的人，才懂得傳福音。以至於傳福音成了少數「專業」人士的責任，而非人人參與的事工。例如「三元福音」佈道訓練，非常強調專業訓練，就有此反效果。

(3) 大部分的個人佈道訓練都偏重傳福音的前階段工作（即傳福音、帶人做決志禱告等），卻忽略領人作門徒的後階段跟進工作；常常以決志人數多寡沾沾自喜，卻忽略到底有多少人真正跟隨主，作主的門徒。其實主耶穌的「大使命」強調的是領人作門徒，而不是決志或受洗。

第三節 傳福音的策略

1. 傳福音的「三Ｐ」

當代許多討論宣教及佈道的書籍或文章，常常提到「三P」，即「現身」(Presence)、「宣講」(Proclamation)及「勸說」(Persuasion)，並且爭論三者的優先次序或必要性。現在簡述三者的意義及關係如下：

(1) 現身

● 基督徒必須參與我們所處的社會，因此「現身」包括個人見證及教會的形象。然而自由派及新正統派的神學家，往往過份強調基督徒在政治、經濟、社會層面的參與。

● 基督徒的「現身」，是強調與非信徒之間關係(relationship)的建立。因此信徒的見證，可以使福音信息的「信用」及有效性被肯定。

● 但是僅靠「現身」還不足以使人信主，需要配合其他的步驟。然而自由派及新正統派的人，卻往往將「現身」的手段視為目的。

(2) 宣講

● 當我們在宣講福音信息時，無可避免地會與世俗的世界觀產生衝突，因此這是一種「思想衝突」(confrontational)的傳福音方式。

● 這是一種基督徒最常用的傳福音方式，但是所有的研究都指出，若沒有藉著「現身」來建立彼此信賴的關係，往往會事倍功半，達不到傳福音的效果。

● 宣講的方式及內容，必須要從「處境化」的角度來思考和調整，尋求適當的切入點，避免生吞活剝式的灌輸。

(3) 勸說

- 最後這個「勸說」階段最為重要，特別需要耐心。我們必須等候聖靈的工作，不要揠苗助長。

- 要避免以催逼或情緒化的氣氛等人為的方式，來操縱人的情感，勉強人做決定。

- 自由派及新正統派的神學家特別對這個「勸說」階段很反感，認為這種「我贏你輸」的心態是要不得的。其實，若我們因關切人的靈魂，而積極懇切地勸人與神和好，這是自然的，也是應該的(林後 5:20)。

　　因此，對於「現身」、「宣講」與「勸說」三者的關係，應該不是哪些是需要的，哪些是不需要的。在傳福音的事工上，三者都是不可或缺的，而且是相輔相成的。在洛桑世界福音會議(1974 年)的宣言中，對這一點有非常清晰而且精闢的說明[3]：

> 我們基督徒在這個世界的「現身」，對我們傳福音是不可或缺的。同樣地，「對話」也是極為重要的，這使我們能夠仔細的聆聽。但是傳福音本身，乃是「宣講」那位聖經上、也是歷史上的基督為「救主」和「主」，並「勸說」人個別地來到祂面前，與神和好。

2. 人的需要與福音策略

　　艾偉傳(Joseph C. Aldrich)曾依據心理學家馬斯羅(Maslow)對人類需要的分析為工具，提出不同的福音對策[4]。馬斯羅主張人類有下列五個層次的需要：

- 生理的需要
- 安全感的需要

● 愛與被愛（歸屬感）的需要

● 受尊重（自我價值）的需要

● 自我實現的需要

馬斯羅認為人最基本的需求都是和生理有關，然後等到這些基本需要得到滿足之後，人就會水漲船高地進一步尋求更高層次的滿足。從另一個角度來觀察，最基本的三種需要：生理、安全感與歸屬感，都是屬於「感覺需要」(Felt Needs)的層次；而較高層次的兩種需要：自尊心及自我實現，則接近田立克所謂「終極關懷」(Ultimate Concern) 的層次。

艾偉傳依據這種分析來擬定福音策略。簡單的來說，就是以「服事」來提供人們生理及安全感的需要；以「團契生活」來對應人們歸屬感的需要；再以「教導」來回應人們自尊心及自我實現的需要。所以我們必須分析每一個慕道朋友的需要狀況，才能個別地對症下藥。

也就是說，教會各種關懷事工(如老人關懷、醫院探訪、貧民救濟等等)，對於某些中下層人士可能非常有必要，如果沒有先做這種「福音預工」，就直接傳講福音信息，可能對他們會有點「隔靴搔癢」，或造成「曲高和寡」的現象。

但是值得注意的是，馬斯羅所強調的最高層次的需要：「自我實現」，固然描繪出世人對發揮潛能及實現夢想的追求，但是對基督徒而言，福音卻不是要讓我們去實現自我理想的工具或途徑。這正是「成功神學」所帶給人的錯覺。對一個願意竭誠為主的信徒來說，他所企盼的不是「自我實現」(Self-Actualization)，而應該是「基督在他生命中的體現」(Christ-Actualization)。

3. 傳福音四部曲

　　十八世紀的著名佈道家約翰衛斯理不僅佈道極有能力，而且在將信徒組成教會方面，更是成效卓著。直到今天，我們都可以從他的原則中，學到許多寶貴的教訓。他認為傳福音應有四個階段[5]：

A. 甦醒期(Awakening)：

　　衛斯理主動進入工人及農人的當中，向他們傳福音，以喚醒他們沈睡的心靈。因此，他的「帳棚佈道」發揮了很大的功能。那些一向被排斥在華麗的教堂之外的貧民，如今因為聽聞福音而心裡甦醒過來。在現今的環境中，我們需要透過信徒與那些未信者接觸、建立關係、作見證，使他們感覺到自己靈性的需要，而真正成為「慕道友」。

B. 融入期(Welcome)：

　　衛斯理將慕道友組成「小班」(Methodist Class)，在這個小組裡，他們可以分享自己信仰上的掙扎，以及所犯的罪，然後彼此代禱。幾個月之後，衛斯理才將他們編入一些「團契」(Methodist Society)中。衛斯理深信「歸屬先於歸信」(Belonging comes before believing)。所以我們應該儘早引介慕道友進入團契或小組，讓他們與其他基督徒建立親密的關係(Bonding)，這對後續的福音工作很有助益。

C. 稱義期(Justification)：

　　也就是慕道友真正決志悔改信主的階段。衛斯理要求「班長」教導慕道友經歷到「稱義」、信心及新生命。

衛斯理不希望這些慕道友只是接受一些「信條」，或做了一個簡單的決志禱告而已，他們必須自己尋求神，直到有得救的確據為止。這個過程，今天通常我們稱之為「歸信」(Conversion)階段。只是衛斯理要求比我們大多數教會嚴格多了。

D. 成聖期(Sanctification)：

最後衛斯理要求這些初信主的人，要經歷到「成聖」的過程，也就是在生活上能得勝罪惡。今天我們稱之為生命「更新」(Transformation)的過程，也是初信者生命被聖靈更新轉化的階段。

4. 友誼式佈道法

針對過去那些「強力推銷式」個人佈道的缺點，現在很多人強調「友誼式佈道法」[6]，我個人綜合不同的書籍及自己的經驗，歸納成如下建議：

A. 如何接觸慕道朋友

(1) 禱告

- 為自己傳福音的心志與心態禱告。
- 為傳福音的對象禱告，也求神感動我們，使我們確知對象是誰。
- 尋找禱告伙伴，也可以同時是傳福音的伙伴。

(2) 尋找傳福音的對象

- 從自己已有的關係開始去找，如親人、同學、鄰居、同事等。
- 如果周圍朋友大多是基督徒，則需要刻意去建立新的關係。

- 原則上以本地的人為對象，而非向遠地的人，因為遠地的人無法跟進栽培。

(3) 搭橋

- 建立關係需要搭橋樑，例如從共同嗜好、話題、需要等開始。
- 搭橋需要時間，不可操之過急，不要求速成。

(4) 聆聽

- 不要搶著發表你的高見，兜售你的「福音」，要先仔細聆聽。
- 我們需要聽出他們的「感覺需要」(felt needs)，並要覺察他們的「真正需要」(real needs)。

(5)尋求機會

- 我們要尋找可以服事他們的機會，若是可能，我們可以設法提供他們的「感覺需要」。
- 我們也可以尋找可以邀請他們的機會。但是最好人數不要太多，否則無法深談，就失去邀請的目的。但是不要急於馬上傳福音。

B. 作見證的原則

(1) 從「感覺的需要」作起點

- 以對方「感覺的需要」做切入點，容易產生共鳴。
- 知道對方的需要，要花時間去認識對方，需要聆聽。

(2)使用共通的語言

- 儘量避免使用基督徒常用的術語，如「靈裡交通」等。
- 儘量用你自己的話，來說自己的經歷與感受。

(3)分享你自己的經歷

● 你自己獨特的經歷，如疾病、失業、婚姻的失敗等等，都可以成為很好的見證，使遭遇同樣經驗的人產生認同感。

● 可以先將你的見證寫下來，請別的弟兄姊妹過目修正，可以使你的見證更加簡潔扼要，直指人心。

(4)引入真正「屬靈的需要」

● 從你自己的經驗中分享，談到在你的「感覺需要」之下，還有一個更深層的「屬靈需要」。這比較有說服力。

● 避免灼灼逼人，太快進入屬靈的問題。要讓對方有思考、反省的空間。因為這還不到邀請對方決志信主的階段。

● 需要禱告求主引導你如何進入適當的話題。

C. 如何成立福音性小組及帶領討論？

(1) 選定對象

● 以「同質性」(Homogeneity)為原則，比較容易很快地融合在一起。但是同時要考慮交通、家庭成員等因素。

● 總人數以 6-10 人為最好。不要超過 15 人。

● 由負責人來邀請，而非由慕道朋友自己主動去邀請他的朋友。

● 要維持慕道友多於基督徒的原則，這樣才可以使慕道友更覺得容易暢所欲言。基督徒部分，只限於負責人所邀來的同工，或帶領慕道友來的基督徒才可

以參加，以免破壞討論的氣氛。

(2)聚會地點

● 以家庭為優先考慮，因為有溫馨、親切的氣氛。

● 如有其他因素，學校活動中心、教會或其他地點也可以考慮。

(3)聚會內容

● 福音性小組查經可以作為主要的內容，有一些查經教材可以參考。

● 除了查經的方式之外，播放一些福音性錄影帶，然後再進行小組討論也是可行的方式。

(4)聚會時間及次數

● 每次總共聚會時間以兩小時為宜。原則上每週聚會。

● 整個福音性小組聚會，以每梯次8-12次為原則。然後以不同方式做個別跟進。

(5)開頭幾次以「開放性問題」(Open-End-Question)來作為開始

● 「開放性問題」沒有標準答案，可以人人發言，適合作為「破冰時段」的討論問題，也可以做為彼此認識的溝通渠道。

● 建議可用的「開放性問題」如：「你認為有神嗎？」、「你認為人有罪嗎？」、「你認為人生的目的是什麼？」等。

(6)討論的遊戲規則

● 鼓勵發言時坦白、中肯，但是不要有攻擊性。

- 不要有人壟斷發言，鼓勵人人發言，在場的基督徒可以分享，但要留給帶領者去下結論。

(7)帶領者的角色

- 不要總是作「問題解答者」或「講道者」，而應該是問題討論的促成者(facilitator)。
- 善用「隔岸觀火」、「四兩撥千金」的手法，讓慕道友來抵銷其他慕道友彼此的「異見」，這叫做「以子之矛，攻子之盾」。

D. 如何帶領人作真正的「信徒」？

(1) 如何作個人談道？

- 從彼此的「共識」開始討論，而不是從彼此的「歧異點」開始辯論。
- 我們要注意：由於文化的差異，許多常見的個人談道材料，並不完全適用於中國慕道友。

(2) 注重徹底的、真誠的認罪悔改

- 必要時請他們逐條詳列，然後逐一認罪悔改。
- 悔改必須有果子，也就是在生活行為上必須有改變，不能容讓他們繼續活在罪中。
- 若是慕道友還不肯悔改，我們必須在適當的時機正面地提醒他們。

(3) 強調「為主而活」的新人生觀

- 我們一切的選擇，都必須以神為中心，不再是只以自己的利益或觀點來考慮。
- 因此我們必須天天來尋求明白神的旨意。

(4)教導他們如何藉著靈修生活來親近神

- 靈修生活是我們認識神的唯一途徑，只有如此，我們才能漸漸多明白神的旨意。
- 慕道友可以及早建立靈修生活，這對他們在信仰上的紮根很有幫助。

E. 如何領人作門徒

(1) 教導作門徒的人過一個與基督同行的生活

- 每日靈修(詩 5:3)
- 有系統的研讀神的話語(徒 17:11)
- 背誦,記憶神的話語
- 默想神的話語
- 活出神的話語
- 學習禱告

(2)訓練作門徒的人過教會生活並參與服事

- 固定地參與主日崇拜及團契活動
- 傳福音作見證
- 與別人一起同工
- 發掘個人恩賜

(3)塑造作門徒的人敬虔的品格

- 塑造是從清除成長的障礙開始
- 根除苦毒、敵意和害怕
- 除去生活中任何的偶像
- 除滅任何對神不順服的回應
- 摒除不敬虔的心思意念
- 清除障礙包括改正錯誤
- 塑造的途徑是教導門徒如何依靠、順服聖靈而生活

1　David J. Bosch, *Transforming Mission,* Orbis, 1991, p. 411-20.

2　艾偉傳(Joseph Aldrich)，《佈道生活化》*(Life-Style Evangelism)*，亞洲歸主，1987，13-14 頁。

3　The Lausanne Congress on World Evangelism Report (1974). 引述自 Edward R, Dayton & David A Fraser, *Planning Strategy for World Evangelism* (Rev.), Eedrmans/MARC, 1990, p. 52.

4　同上，75-81 頁。

5　Rick Richardson, *Evangelism Outside The Box: New Ways to Help People Experience the Good News,* IVP, 2000, p. 54-55.

6　Joseph Aldrich, *Gentle Persuasion: Creative Ways to Introduce Your Friends to Christ,* Multnomah, 1988; Tom Stebbins, *Friendship Evangelism by the Book,* Christian Publications, 1995; Daniel Owens, *Sharing Christ When You Feel You Can't,* Crossway, 1997.

第十一章
教會與宣教

　　在當代宣教神學的許多議題中，地方性教會或宗派與宣教之間的錯綜複雜關係，無疑地是非常重要的議題之一。這個問題，在天主教與基督新教之間，在主流教會的大宗派與獨立的福音派教會間，也都有相當分歧的觀點。因此值得我們深入地討論。

第一節　教會與宣教之關係

　　有人曾以五種主要的「預表」(Type)來形容教會，也就是機構(Institution)、聖禮(Sacrament)、基督的身體、「特使」(Herald)、和僕人[1]。上述的每一種預表，都對教會與宣教的關係提供不同的解釋。

　　天主教一向對教會採取「高的觀點」(high view)，因此這可解釋為何天主教偏重前兩種教會的預表。一直到十九世紀中葉，天主教都強調教會「外在的、合法的、及組織化的」層面。後來，天主教才逐漸將教會視為「基督的身體」。但是這種轉移並未改變他們將「基督的身體」等同於「天主教會」的傳統立場。東正教的觀點與天主教非常類似。

　　相反地，基督教（即「更正教」）則對教會採取「低的觀點」(low view)。基督教將無形的「真教會」，與外在、有形的教會予以區別開來。而且認為只有「真教會」(其成員往往來自各宗派的真信徒)才是宣教事工的執行者。

　　然而在討論教會與宣教的關係時，我們還必須澄清下列

一些問題。

1. 教會與宣教是截然不同的嗎？

　　一般基督徒大多數認為，「教會」與「宣教」(mission)是有基本的區別的。這些觀念，不管正確與否，都已經在許多人心中定型了。因此，當我們要討論這兩者的關係時，我們首先必須瞭解兩者的觀念為何。富勒神學院的凡恩根(Charles Van Engen)將一般人的印象整理成下表 [2]：

教　會	宣　教
高度組織化的機構	一些有共同異象的個人組成的團契
通常有固定的建築及設施	移動式的：通常只有少數設施
由受聘支薪的傳道人帶領	由自我犧牲的宣教士帶領
「維持機構運作」導向	「拓荒冒險」導向
是世界上的「避難所」(Haven)	被差派到世界之中去
一個有秩序的體制(Polity)	一個鬆散的、特別的組織
有明確的責任制度及所有權	是獨立的、自願的團體；結構不明確
自立、自養	靠外界支持
自治、自傳	由外界管理並推動

　　與上述圖表類似的，紐必津(Lesslie Newbigin)則用他自己的話，將兩者的區別予以表達，他說：

　　在絕大多數的基督徒心中，「教會」與「宣教」代表截然不同的兩種團體。前者是為敬拜神、靈性關懷及培育而設的；後者則是為了傳揚福音，並將歸信的人送入教會中去照看而設的。[3]

　　這種截然劃分的刻板印象，是令人感到不安的，會造成誤導的，也會對宣教事工的推動帶來負面的影響。因為雖然教會與宣教這兩個觀念是不同的，但是卻仍然是應該相互依

存的。

2. 教會本質上是宣教的

到二十世紀以來，天主教與基督教的「教會論」已經趨於一致，認為「教會本質上是宣教的」。換句話說，「宣教不僅是教會的工作，而應該是教會的彰顯(Missionary activity is not so much the work of the church as simply the Church at work)」[4]。因為既然神是「宣教的神」，神的子民也就應該是「宣教的人」。

由彼得前書2:9看來，教會是「被揀選的族類、有君尊的祭司、聖潔的國度、屬神的子民」，而教會的使命就是要去「宣揚」福音。所以宣教對教會而言，不是可有可無的，而是必須的。同時，教會之存在的目的，就是為了宣教而被差派、被建立。

3. 教會與宣教是不可分割的

教會雖不屬於這世界，但又被差入這世界。所以，我們談論的不應該是「教會與宣教」(church and mission)，而是「教會的宣教」(mission of the church)[5]。因為既然教會與宣教從起初就是一體的，那麼「教會沒有宣教」或是「宣教卻沒有教會」都是自相矛盾的說法。所以紐必津也說[6]：

> 我們必須堅持，如果教會不再有宣教，她就失去了作為教會最主要的特質。同樣地，宣教若不是教會，那也失去了它神聖的、使徒的特質。

但是這並不是說教會無時無刻都在參與宣教的「活動」。我們應該區分教會的「宣教層面」(missionary dimension)及「宣教意圖」(missionary intention)[7]。在「宣教

層面」上，教會可以藉著崇拜、教牧關懷、及其他事工，彰顯教會的特質。然而教會的「宣教層面」也會引致「宣教意圖」，以佈道、社區關懷、社會參與等方式，走出教會的圍牆之外，直接進入社會。

　　另外一個必須澄清的觀念是：地上的教會並不等於「神的國」。地上的教會是不完全的，也不能完全反映出神的治理。因此建立地方教會，必然不是宣教的最終目的。地上的教會是神國度的「僕人」，可以指向更完全、更榮耀的神的國度。所以地方教會可以成為管道與器皿，來為神的國作見證（包括言語、行為、神蹟奇事、生命的轉變等）。

第二節　教會與宣教機構之關係

1. 宣教運動與差傳宣教機構之興起

　　十九世紀中，各種「信心差會」興起，曾帶來宣教的熱潮。如1852年成立的「西拿拿醫藥傳道會」（今為「聖經醫藥傳道會」）、1860年成立的「英敘差會」（今為「黎巴嫩傳道會」）。但是最著名的是1865年戴德生創立的「中國內地會」(China Inland Mission)。到二十世紀初，英國總共有二十幾個「信心差會」。美國方面，最早的是1860年成立的「婦女聯合宣道會」。其他較著名的有「宣道會」(Christian & Missionary Alliance, 1887)、「蘇丹內地會」(Sudan Interior Mission, 1893)、「非洲內地會」(Africa Inland Mission, 1895)等。

　　他們成立的主要原因之一，是因為各宗派沒有向「未聞福音之地」傳福音的異象，所以這些信心差會強調「內地」的宣教。另一個原因是許多宣教領袖注意到許多宗派受自由

派神學的影響越來越大，他們盼望成立福音派的宣教團體。因此這些信心差會都是「福音派」的，與主流教會劃清界限。第三個原因是經費方面。許多宗派給宣教士的經費不夠，因此這些新的差會強調以「信心」的原則，不募捐、不舉債，完全仰望神的供應，所以稱為「信心差會」。

到了二十世紀，福音派的信心差會又有大幅度的成長。例如1935年成立的「威克里夫聖經翻譯會」(Wycliffe Bible Translators)，目前有三千多位宣教士；1942年成立的「新部落差會」(New Tribes Mission)，現有一千多位宣教士；「學園傳道會」(Campus Crusade for Christ)也有四千多位宣教士。因此二十世紀中葉之後，這些信心差會逐漸取代各宗派的差會，成為基督教宣教的主力。

二次大戰後，又有許多新興的「超教會事工團體」(Para-church Ministries)成立。 1940年之前，全世界共有228個各種宣教組織，但是1940-80年間又增加了478個。依據另外一份資料的統計，到2000年，單單海外宣教組織就可能高達4800個[8]！由於宗派主義逐漸式微，目前最有活力的福音團體，都是這些新興的超教派事工組織。其中最著名的有世界展望會(World Vision, 1950)、學園傳道會、校園團契(InterVarsity)等。他們一方面承繼信心差會的傳統，積極招募宣教士及奉獻，又有明確的事奉對象與策略，因此果效卓著。

2. 教會與宣教機構之微妙關係

但是這些超教派基督教事工組織或信心差會與教會之間，也產生微妙的張力。以美國為例，到1998年，美國超教派基督教事工組織的每年總奉獻收入，已達到一千億美

元，超過眾教派及所有地方教會的總奉獻收入。這是一個劃時代的變化。因此有些缺乏宣教異象的教會，難免會排斥超教派基督教組織的事工。

迄今仍然有些教會視宣教機構為次要的或附屬的機構，甚至是教會經費潛在的競爭對手，而非事奉上的夥伴關係。因此曾有些教會會宣佈：「信徒的月定奉獻(或『十一奉獻』)，必須給教會，要奉獻給宣教機構的錢，只能在『十一奉獻』以外。」這種分內外、分彼此的心態是很明顯的。

此外，許多教會及宗派總覺得單單教會內部的事就已經自顧不暇了，而且看宣教事工為可有可無的額外工作，因此除非教會已經要到了「行有餘力」的階段，他們才願意開始考慮作宣教的事工。難怪台灣地區的三千多間教會中，只有少數的教會(可能不到5%)參與宣教。究其原因，可能錯誤的「地方教會」心態，及狹隘的「族群意識」，多多少少都阻礙了教會與宣教機構的合作。

還有的教會雖然有心從事宣教，卻想完全由自己來主導宣教的事工，不希望假手他人，因此拒絕與宣教機構合作，寧可自己差派宣教士。雖然用這種方式差派人，教會有較高的認同感及歸屬感，但是除了極少數財力及人力雄厚的教會之外，宣教士直屬教會是弊大於利的，難免會產生下列缺點：缺乏事奉團隊、事工沒有適當的臨場督導、孤軍作戰、宣教工場的前線與後方產生隔閡等等。所以有些以宣教事工聞名於世的教會，如加拿大多倫多的「民眾教會」，及美國波士頓的「公園街教會」，基於他們百年來的經驗，都明文規定他們所支持的宣教士必須加入聲譽卓著的宣教機構，否則不予受理。這是極有智慧的做法。

3. 宣教差會與第三世界教會的關係

十六世紀以來，在殖民主義的浪潮下，西方宣教士前仆後繼地前往亞、非洲宣教，並建立教會。很自然地，這些新興的教會是隸屬於宣教士原有的教會體系之下。西方教會除了提供經費支持宣教士和當地傳道人的薪水，及興建教會、醫院、學校外，也主導教會的教義、制度、管理和一切教會的事務。換句話說，西方教會或差會是這些新興教會的「父親」，而這種關係維持了數百年之久。但是逐漸地，這種西方差會與本地教會間的關係產生了許多張力，「三自政策」一直無法真正地落實，也妨礙了教會的合一與發展。

二次大戰後，隨著殖民主義的退潮及民族主義的高漲，許多新興國家的教會開始產生劇烈的變化。首先，在許多國家產生了「獨立教會運動」，例如中國教會在 1920 年代開始，就先後成立了真耶穌教會、聚會所等獨立教會。非洲地區也有數千萬人加入新興的獨立教會，有些獨立教會甚至有異端或綜攝性的傾向。這都是對西方教會壟斷宣教地區教會事務的一種反彈所致。所以許多宣教地區的教會先後脫離歐美的差會而獨立，但大多數仍與原來的差會保持關係。由於這種改變，宣教士的角色也由主人，退居為同工，甚至是「僕人」。這使得許多宣教士及宣教機構一時適應不過來。

其次，民族主義也使一些國家的基督徒和教會遭受逼迫，他們被視為「西方帝國主義的遺毒」。有的國家禁止向本國人傳福音（如大多數的回教國家），或不發給宣教士簽證（如印度），甚至驅逐所有的宣教士，並將教會領袖監禁或殺害（如大多數的共產國家）。因此本土教會在這種新的情勢下，必須自立更生，靠神的恩典剛強壯膽向前邁進。

所以，面對這種新的情勢，西方差會應該放棄以「父親」或「大姐」自居的立場，而以姊妹教會關係與第三世界的新興教會平等相待，並以僕人的心態來服事眾教會。這樣不僅可以紓解西方差會與第三世界新興教會的緊張關係，而且可以同心合意、興旺福音！

第三節　地方性教會在宣教的參與

一般而言，地方性教會在宣教上的參與，大約有三種模式：

(1)支持型：這是最普遍也是最傳統的模式，教會被動地以提供經費、宣教士及禱告的方式來支援宣教工作。宣教事工主要的推動者，乃是宣教機構。

(2)差派型：在一些有宣教異象的大型教會，往往積極地推動宣教，他們不但差派宣教士，也參與宣教地區的篩選及宣教策略的擬定。有些教會甚至直接掌控宣教事工，不與宣教機構配搭。

(3)配搭型(Synergistic)：教會不但主動地參與宣教事工，並與宣教機構密切配搭。在這種形式中，教會與宣教機構雙方都能發揮其特色與專長，在宣教事工上共襄盛舉，這是最理想的模式。

在這種「配搭型」的模式中，地方教會該如何參與宣教呢？下面一些建議，可以供教會參考。

1. 徵募並篩選宣教士

在宣教士的徵選上，雖然有些宣教士是直接去宣教機構毛遂自薦的，但是地方性教會卻應該扮演更積極的角色。但

是也有些觀念必須澄清與被提醒。

- 宣教士個人必須有意願要去宣教，但是教會及宣教機構也必須確認他合適做宣教士。這兩方面都是不可或缺的。因為一方面，一個心不甘、情不願的「宣教士」，是無法為主受苦的。但是另一方面，宣教士也都是神所親自選召的，而不是「志願軍」。所以各方面客觀的印證，慎重的面談，甚至短期的配搭事奉都是必須的過程。

- 篩選的要件包括神學訓練、性向、品格、人際關係、信心操練、心志等。由於宣教工作需要承受極大的壓力，因此宣教士的條件要求很高。在人際關係上，由於宣教事工是團隊事奉，因此彼此的配搭非常重要。許多宣教士具有拓荒的精神，但是卻喜歡做「獨行俠」，影響團隊的合作。教會需要提供這方面的資訊，供宣教機構參考。

- 在申請加入宣教機構前，應該先經過教會的篩選及推薦。因為宣教士在所屬的地方教會中，他／她的恩賜及屬靈品格應該能夠被會眾所肯定。如果連他／她自己的母會都不肯推薦，那麼這個人顯然有些問題。所以一個宣教士的蒙召，需要被所屬教會的認可與印證。

2. 支持宣教士

- 對宣教士經費的支持是教會最基本的責任。但是由於教會的規模人小差異很大，因此宣教經費的來源，及支持每個宣教士的數額，都是需要研究的。一般而言，宣教士的母會的支持額度大約在25-50%左右，有少數教會甚至是全額支持。由於宣教士的籌款，是許多宣教士候

選人最視為畏途的事。所以教會應該主動提供協助。在美國有些地區性教會(例如康州十間美國人教會,及波士頓區的幾間華人教會)都分別組成了「宣教聯盟」(Mission Consortium),效果很好。在這個聯盟中,如果有一位宣教士候選人被自己的母會推薦,其他的聯盟參與教會就會自動配合支持一部份。所以通常他們可以在短短的幾個月內籌集50-100%所需的經費,減輕宣教士候選人的壓力。

● 教會應該擬訂自己的的宣教策略及原則,作為分配經費、挑選支持對象及經費運作的指標。許多的教會在篩選支持對象時,往往沒有全盤的計畫,只是隨性而行。其實教會應該訂出優先次序,以及最高限額,然後依據這個指標來篩選候選人。例如過去我在所服事的華人教會中,建議支持華人宣教事工以60%為限,另外其他亞裔事工以30%為限,這樣至少還有10-20%的經費可以用在其他族裔的事工上。另外你也可以統計宣教士宣教工場的分配比例,作為分配經費的參考指標。

● 教會對宣教士禱告的支持也是極重要的。但是若教會支持的宣教士數目過多,要動員教會為每位宣教士禱告就不容易了,所以教會必須妥善規劃。有的教會鼓勵各小組或團契「認領」宣教士,定期為他們禱告,這是一個很好的方式,值得參考。

● 教會對宣教士事工上直接的支援也很重要,但是對地方性教會而言,卻有時力有未逮。這是為何教會需要與宣教機構合作的原因,因為只有宣教機構能長期而且及時地提供這種支援。當然教會仍然可以差派短宣隊來支持

宣教士的事工，但是最好是長期的承諾，而不是蜻蜓點
水式的。

3. 推動教會對宣教的關懷和參與

● 組織短期宣教隊去訪問宣教工場及宣教士，可以增加教
會信徒對宣教工場的認識，並支援宣教士的事工。而且
有些信徒因為親眼看見宣教工場的需要，心受感動，以
至於願意獻身做宣教士。所以「短宣隊」常常是培養未
來的宣教士的好途徑。但是短宣隊所帶來的後遺症也不
少，教會要妥善規劃，免得勞師動眾，又帶來宣教士的
困擾。

● 教會可以透過宣教年會、禱告會、成人主日學、講座、
見證、文字工作等方式，提昇信徒對宣教的認識與負
擔。對年輕人來說，鼓勵他們參加台灣的「青宣」，或
美國的Urbana宣教大會，也是一個很好的方式。美國
「使者協會」每三年舉辦一次的「華人宣教大會」，也
是一個很有果效的方式，可以鼓勵教會弟兄姊妹參加。

1 Avery Dulles, *Models of the Church,* Dublin: Gill & MacMillan, 1976.
 引述自 David J. Bosch, *Transforming Mission,* Orbis, 1991, p. 368.

2 Charles Van Ehgen, *God's Missionary People: Rethinking the
 Purpose of the Local Church,* Baker, 1991, p.29.

3 Lesslie Newbigin, *The Household of God: Lectures on the Nature
 of the Church,* New York. Friendship, 1954, p.164-65. 引述自 God's
 Missionary People, p.28.

4 *Transforming Mission,* p. 372.

5 同上。

6   *The Household of God,* p.169-70. 引述自 *God's Missionary People,* p.30.

7   *Transforming Mission,* p.373.

8   David J. Hesselgrave, *Today's Choices for Tomorrow's Mission,* Zondervan 1988, p.33.

第十二章
後現代思潮對宣教的挑戰

　　所謂的「後現代主義」(Postmodernism)，從某個角度來說，是對自十八世紀「啟蒙運動」以來，壟斷世界主流思想的「現代主義」或「理性主義」的一種反彈。現代主義是以「理性」掛帥的，強調真理的絕對性，而且認為只有透過客觀的、理性的探討，才能確認何為真理。然而後現代主義者卻對這些基本觀念提出質疑，甚至全盤否定。後現代的思想家認為，所有的「真理」都是相對的，即便是科學，也無法排除科學家主觀好惡的影響。因此他們否定真理的絕對性，強調多元主義，肯定以主觀的、感性的途徑探索真理的必要性。

　　所以，後現代思想幾乎完全顛覆了許多兩百年來人們視為理所當然的觀念，難怪許多人都覺得「亂了套了」！但是從正面的意義來看，後現代思想將人類由「泛科學主義」的窠臼中解脫出來，使人類在真理的探索方面，不再自我設限於所謂的「純理性探討」。因此，對後現代的人來說，科學與信仰並不是對立的。而想要以科學去否定（或證明）信仰，乃是荒謬的舉動。

　　然而同時，後現代思想對教會及信徒也的確產生了很大的衝擊。我將從不同的角度和層面，來探討後現代思想對宣教所產生的影響，及我們應當如何去面對這些挑戰。

第一節　後現代思潮衝擊下的基督教釋經學

1. 基督教釋經學的演變

「釋經學」(Hermeneutics)一詞最早出現於古希臘文獻中，它的字根是希耳米(Hermes)，他是希臘神話中專門向人傳遞神諭的神祇。他不但宣告神諭，而且還負責解說。保羅在路司得宣教時，就因他所行的神蹟，及他講道的口才，而被當地人誤認為是希耳米下凡，以至於引發了一場騷動(徒 14:11-12)。所以釋經學最初的意思就是「解釋」。

在歐洲，為了詮釋、考證古代文獻，就發展出這種「詮釋學」(又稱「釋義學」)，相當於中國的「訓詁學」。但是用在研究聖經時，通常我們稱之為「釋經學」。在西方中古世紀，「釋經學」是詮釋學的主流。直到近代，詮釋學才開始應用在文學及哲學上，並且因為後現代主義思潮的推波助瀾，使得詮釋學成為當今最熱門的「顯學」之一。

基督教的釋經學，特別是在十六世紀的宗教改革運動之後，強調對原文聖經的研究及解釋。而當時「唯獨聖經」(sola scriptura)的口號，更表明聖經是基督徒信仰及神學唯一的基礎與準繩。因此，聖經的「文本」(text)，成為釋經學的核心關注所在。所以傳統上，釋經學是解釋聖經經文的工具，提供尋求及確定經文意義的方法。同時，傳統的釋經學強調，應該以各種途徑，去尋求明白「作者原意」(author's intention)。因此著重文字、語法、字源、語文及相關歷史的研究。

但是十九世紀之後，被稱為「近代詮釋學之父」及「自由神學之父」的士來馬赫(Friedrich Schleiermacher)，將詮釋學帶入一個新的領域。他不僅從文本去尋求理解，更嘗試去重建作者的「創造」過程。因此他用了不少心理學的分析，來探索作者的寫作心理。對他而言，釋經學不僅是研究

「文本」，而是研究文本與讀者間的互動關係；其關注的不僅是解釋的方法，更是解釋的本質。換句話說，他使詮釋學具有「認識論」(Epistemology)的意義了。之後的狄爾泰(Wilhelm Dilthey)、海德格(Martin Heidegger)、維根斯坦(Ludwig Wittgenstein)等人，也進一步為詮釋學提供了哲學基礎。

1960年迦達瑪(Hans-Georg Gadamer)所出版的《真理與方法》，又將詮釋學帶入另一個轉捩點。他認為文本的意義，不在於理性地尋求作者原意，而是讀者語言世界與文本語言世界「兩個視野的融合」(The fusion of two horizons)。由於詮釋必須基於讀者的語言視野，因而詮釋無法絕對客觀，讀者的偏見或先入為主的立場，成為無可避免的事實。因此，迦達瑪為近代詮釋學提供一個新的向度，他將詮釋的重心由過去移到現在；由尋求「作者原意」轉到「讀者會意」(reader's response)了。雖然他仍然認為文本有客觀的意義，但是其理論實質上已經為日後更激進的後現代主義詮釋學鋪設了道路。

2. 後現代對釋經學的挑戰[1]

哲學上的「實在論者」(realist)及福音派神學家都相信：作者知道自己寫作的目的；這目的可以藉著文本向讀者表達；文本自身因此具有意義；文本意義先於且獨立於讀者的詮釋；詮釋乃是發掘文本蘊含的意義或理解作者原意的活動。但是後現代主義詮釋學排斥探求作者原意的努力，質疑文本之外是否尚有所謂的「客觀真實世界」，更否定文本與意義的必然關係。

對後現代主義者來說，這種在「作者原意」或「文本意

義」基礎上建立的詮釋學，乃是一相情願的說法。因為他們
認為，所有我們所經驗和理解的事實，都必須藉助語言向我
們表達。如果詮釋無法脫離語言法則，而語言又是文化現
象，那麼「文本意義先於且獨立於讀者的詮釋」便是虛幻的
說法。他們認為：那些強調作者原意的人，乃是藉此來排斥
其他詮釋的「霸權行為」。

　　所以，後現代主義詮釋學認為，詮釋不應該只是被動地
「信息接收」，而是讀者主動的「意義創作」。換句話說，
讀者才是文本意義的始創者。文本既然不是承載著原作者的
經驗與意念，而是期待讀者的參與和塑造，文本意義就不是
原作者藉著文本所想表達的意思，而是詮釋者借助文本所要
表達的意思。至此，主體意識取代客觀的文本；「文本詮
釋」成了「文本全蝕」；「文本意義」也就化約為「望文生
義」了[2]。

　　1997年任教於台灣的曾慶豹曾在香港的《時代論壇》發
表了〈後現代主義聖經詮釋學的「真理觀」〉及〈基督教可
以從後現代學到什麼？〉兩篇文章，引起激烈的辯論。曾慶
豹強調後現代釋經學根本就懷疑有所謂的「穩定的原文」、
「固定的意義」，也否定「由原文到原意」的探索。他認為
「我們根本無法重構一個原意，根本沒有一個穩定和固定的
意義」。也就是說，後現代主義詮釋學的真理觀全然否定絕
對真理的存在。

3. 福音派的反省與回應

　　其實以讀者的主觀領受來詮釋聖經，古已有之。特別是
希臘教父時期的亞歷山大學派，更以「靈意解經」
(allegorize)馳名。而中國教會一向也有「靈意解經」的傳

統。然而後現代主義者不但否定客觀真理的可能性，也否定經文有任何固定的「信息」。這種放任讀者去解釋經文的作法，不但使聖經的意思變成眾說紛紜，更使得異端邪說可以堂而皇之地斷章取義曲解聖經。而且後現代主義者否定作者原意的存在，其實就等於否定神啟示的存在一樣。

可是從另一個角度來說，如果後現代主義詮釋學的錯誤是容許讀者過份放任的話，理性主義詮釋學（如自由派神學）的錯誤，就是容許人的理性操縱整個詮釋的過程。他們以聖經文本為被批判的「客體」(object)，並以語言、文字、文法和歷史為技術性工具，發展出種種的「聖經批判學」。例如布特曼(Rudolf Bultmann)所提倡的將聖經「去神話化」(demytholorization)，就是其中的代表性觀點。

在現代主義及後現代主義的夾攻之下，赫爾士(E. D. Hirsch)在 1967 年出版了《詮釋的合法性》(Validity in Interpretation)一書，再度重申以「作者原意」為標準的合法詮釋。他摒斥一切以讀者或「文本」為主體的詮釋理論。他認為語言沒有自主性，不能自己產生意思，必須有人帶著目的去使用語言，方能使一連串的字產生意義。因此他主張，只有「作者的原意」可以能成為客觀及超越的標準，也順理成章地說得上是文本的「合法意思」。

赫氏極力辯說作者原意是可以確定和重繪的(reproducible)，而所重繪的意思就稱為「文句本意」(verbal meaning)。他強調「文句本意」是可以界定的，其中「內在的文體本質」(intrinsic genre)是最有決定性的，而作者的構思過程或心理狀態，都不能算是「文句本意」。至於「讀者會意」或應用，則稱為「含意」(significance)。大多數福音派的

學者如華德凱瑟(Walter C. Kaiser)，都極為贊同赫氏的觀點。

　　事實上正如宣教學家希伯(Paul G. Hiebert)所指出的[3]，理性主義者認為可以找到所謂「絕對客觀的真理」，及後現代主義者所採取的「絕對的相對主義」，都是太極端的觀點。其實從我們的生活經驗及現象來看，都可以肯定有客觀真理的存在，只是我們也必須承認，我們有限的理性，使我們的理解必然有主觀的成分存在。即便如此，我們有限的理性仍然應該足以辨別出哪一種「模式」(paradigm)或解釋，更「接近」(approximate)事實或真理，因而我們可以篩選出比較貼切的模式或解釋來。

　　所以，從赫氏及希伯的觀點來說，透過對語言、文字及歷史的研究，我們應該可以對聖經作者的原意，掌握到相當接近的程度，進而明白聖靈透過作者，要向歷世歷代的信徒所要宣示的信息。這才是我們在解經上應該採取的立場。

第二節　後現代思潮對基督教護教學的挑戰

　　「後現代主義」既然是對「理性主義」的一種反彈，許多自「啟蒙運動」以來深植人心的基本觀念及前提假設，如「理性是檢驗一切真理的依據」、「主觀的體驗是不可靠的，惟有能經得起客觀驗證的才是真理」、「科學是絕對的真理」等等，也都被棄之如敝屐。因此，後現代主義者，不但爭論什麼是檢驗真理的途徑，他們甚至連真理的存在都予以否定了。在這樣的背景之下，現代基督教的護教學自然受到新的挑戰。

　　「護教學」(Apologetics)一詞來自希臘文的apologian，這

個希臘文可譯為「回答」或「申訴」。最有代表性的經文是彼得前書3章15節：「有人問你們心中盼望的緣由，你們就要常作準備，以溫柔敬畏的心回答個人。」

　　因此，教會歷代護教學的發展，都是在因應外在的環境或世界的思潮。例如希臘教父時代(100-300 AD)的「護教者」游斯丁、特土良、俄利根等人，主要是在回應希臘哲學家及羅馬異教徒的攻擊。拉丁教父時期(300-500 AD)的安波羅修及奧古斯丁等人，則竭力與教會內的種種異端辯論，以確立正統的信仰。中古世紀時期(500-1500 AD)的宣教先驅們，如去愛爾蘭的聖派垂克(St. Patric)、去德國日耳曼人當中的波尼法修(Boniface)、及到中國的利瑪竇等人，則必須面對各種的異教的挑戰。但是十三、四世紀的「經院哲學家」如阿奎那(Thomas Aquinas)等人，則嘗試兼容基督教神學與亞里斯多德的希臘哲學，以回應「文藝復興」以來的新思潮。

1. 基督教護教者對理性的挑戰之回應

　　然而十六世紀的「宗教改革」及十八世紀的「啟蒙運動」，更將歐美的社會帶入所謂的「現代時期」。從這個時候開始，理性主義、科學主義及經驗主義，都成為基督教護教學的主要對手，而護教學也進入了「百花齊放」的局面，嘗試以不同的途徑去回應這個現代思潮的挑戰。直到今日，基本上現代護教學仍都是環繞著「理性與信仰」這個主題來回應，其中主要可以分為四種不同的方法：

A. 理性思考法(Rational Approach)

　　這種護教方式的代表人物有笛卡兒(Descartes)、萊布尼茲(Leibniz)等人，他們一方面承認人類的知識，是超越

感官所能感受到的；但是另一方面他們也肯定人類共通的理性及邏輯思惟，能夠使我們確認神的存在。他們常用柏拉圖及一些希臘哲學家們有關萬物源起的「第一因」觀念，作為神存在有力的明證。

B. 證據推論法(Evidential Approach)

麥道爾(Josh McDower)的名著《鐵證待判》(The Evidence Demand Verdict)是這種方式的代表作。他們認為所有的證據，都必有客觀、公認的解釋。而進化論者所依賴的「偶然」因素，並不足以作為萬物起因的論證，我們必須尋求更合理的解釋。與此類似的護教理論還有巴雷(William Paley)的「鐘錶匠」理論，「科學創造論」者對進化論的答辯，及近年來流行的「智慧的設計」(Intelligent Design)理論等。

C. 信心跳躍法(Existential or Fideistic Approach)

十八世紀的巴斯卡(Pascal)、十九世紀丹麥的齊克果(Kiekegaard)以及二十世紀瑞士的巴特(Karl Barth)，都對人類的理性持懷疑的態度。他們認為理性由於受到罪的污染，已經喪失了辨識真理的能力。因此存在主義的先驅齊克果主張，要體認神的存在與祂的真理，不可能經由理性的探索，而只有憑著一種他稱之為「信心的跳躍」(Leap of Faith)的途徑。

D. 前提預設法(Presuppositional Approach)

神學家凡特爾(Van Til)及薛華(Francis Schaeffer)等人則認為，在目前多元主義的影響下，基督徒與非基督徒之間，已經沒有共識或共同認定的「前提預設」來進行有意義

的溝通。而且除非藉著神主動、直接的啟示，人類的理性及邏輯思維，都不足以用來發掘或辨識真理。對福音派基督徒來說，我們的前提預設乃是：**「聖經是唯一真理的權威，並且所有的真理都是屬神的。」**他們認為基督徒一切的辯論，都必須以此前提預設為起點。

因此，上述的四種方法，雖然都是針對理性主義者的信仰問題而提出的答辯，但是他們對理性的看法和接受的程度並不一致，所採取的對策也不相同。因而當二十世紀中葉興起的「後現代」思潮，也開始質疑理性主義的觀點時，自然對上述的四種護教途徑產生了不同程度的衝擊。

2. 後現代思潮在護教學上的正面應用

值得注意的是：從護教的角度來說，後現代思潮好像是「兩刃的利劍」，與基督教信仰之間「亦友亦敵」或「非友非敵」，關係微妙。也就說在某些爭論的議題上，後現代觀點與基督教的觀點是一致的，彼此可以結合成「盟友」。但是在另外一些議題上，後現代思潮卻成為基督徒最難纏的對手。

所以，首先我們要知道如何善用後現代的觀點，來為我們的信仰辯護。一般而言，從護教的策略來說，當基督徒在回應慕道者的質疑時，要儘可能以其他非基督徒的觀點去反駁他們，這種「以子之矛，攻子之盾」的戰術，才是上策。

譬如說當基督徒面對「泛科學主義者」的挑釁時，今天我們就可以用後現代主義者的論點，以「四兩撥千斤」的招數來化解他們的攻勢。「泛科學主義者」迷信科學，認為科學是萬能的，甚至以科學來否定信仰。然而後現代主義者則認為，從科學發展的歷史過程來看，科學家也往往是守舊、

抗拒改變的。這種現象在二十世紀就曾出現多次，孔多馬(Thomas Kuhn)因此提出「模式轉移」的理論[4]。由此可見連科學都難逃個人主觀意識的扭曲，所以不但所謂「科學的真理」是相對的，而且是有偏限性的。相反地，後現代主義者不再排斥宗教信仰，反而深信「天外有天」，熱衷於尋求神秘的主觀經驗，渴慕追求「靈性生活」。

此外，前述的「信心跳躍法」也可以代表某些後現代主義者對理性主義的一種回應，因為齊克果及巴特等人都被歸類為「存在主義」思想家，而「存在主義」就是後現代思想的其中一種類型。巴特及受他影響的「新正統主義」(Neo-orthodox)神學家們，反對深受理性主義影響的自由派神學家們，以理性批判聖經，並以科學否定神蹟的態度。他們認為宗教信仰的價值，不在乎客觀上它是否為真理，而在乎它主觀上對信徒生命的「意義」(significance)。雖然福音派信徒不贊同新正統主義神學家對聖經無誤論的曖昧立場，但在信仰價值的觀點上，兩者的立場卻是一致的。

因此，若有慕道友仍然堅持科學與信仰勢不兩立時，你除了以科學證據來與他辯得臉紅脖子粗的方法之外，你也可以面帶微笑，輕描淡寫地以後現代的方式對他說：『我唯一的堅持，就是我們什麼都不要太堅持。科學的理論不是也常常昨是今非嗎？天下之大，真理之浩瀚，難道那些宗教信仰者就不可能體悟到什麼你我所沒感受到的另一個境界的經驗嗎？』

3. 後現代思潮對基督教信仰的挑戰

然而後現代思潮對基督教信仰最大的挑戰，是他們顛覆了自蘇格拉底、孔、孟以來眾先哲們所視為理所當然的「公

理自在人心」及「真理和理性是不證自明的。」等觀念。相反地，後現代思想家提倡「解構主義」(Deconstructionism)。在他們的批判之下，所有自成體系的理論或學說似乎都被解體了，甚至人與人之間的共識也被解構了，以至於人與人之間的溝通都變得好像雞同鴨講。

後現代主義者否定有絕對真理的存在。他們認為所謂的「真理」，其實無非只是一些有關事實的「觀點」(perspective)或「詮釋」(interpretation)而已。因此他們提倡相對主義和多元主義，在宗教上則傾向於「殊途同歸」的立場。他們的觀念，與基督教堅持聖經的權威性，及強調「耶穌基督是唯一的拯救」的立場似乎是南轅北轍的。那麼基督徒要如何回應後現代主義者的問題呢？

首先我們要了解，後現代主義者既然對理性持懷疑的態度，因此想要對他們採取「以理服人」的手段，結果必然會事倍功半的。所以與其和他們爭辯，還不如以個人見證的方式，分享我們自己信仰的心路歷程，反而較能引起他們的注意及共鳴。現在的慕道者不僅要聽你的道理，也要親眼看見你的生活見證；他們不但要去思考，也要去感受。

其次，如果任何人要堅持絕對的「相對主義」，將會發現這是一條死胡同。正如一位後現代主義的大師 Richard Rorty 也承認：「沒有人一個人能夠(真正)持相對主義的觀點，（因為）一個人不可能將有關一個重要議題的兩個互相牴觸的觀點都看為一樣好。」[5] 因此人必須在信仰上分辨好壞、作出選擇，而基督徒更應該靠主大膽地為這獨特的福音作宣告，只是我們不是以武斷的口吻，或以訴諸權威的方式來宣告，而是以「權能、聖靈並充足的信心」(帖前1:5)來傳

揚這福音。

最後，因為思潮好像海浪會「後浪推前浪」，所以現代人的思想也是同時受到現代主義及後現代主義兩種思想的影響，而且每個人受兩種思想的薰陶程度不一，有人會游走於這兩種思想之間。因此我們不必先假定現代的人都是純粹的後現代主義者，其實大多數人仍然保有很多理性思考的習慣，只是後現代思潮已經幫助他們打破自己過去理性主義的一些窠臼。從護教的角度來說，這反而是極佳的傳福音機會，是基督徒應該要積極掌握的。

第三節　後現代社會與教牧關懷

在深受現代科技與理性思想影響下的社會，不約而同的人們都強調工作效率與績效，因此「節目」(Program)是關心的焦點。在這種環境下的教會，很自然地，也講究效率與組織化。教會每一年都要訂出增長的「量化指標」，牧師也成為教會的「執行總裁」(Chief of Executive Officer, CEO)。教會各部門的活動琳瑯滿目，把教會的行事曆填得滿滿的。主日崇拜的聚會，更是排得十分緊湊，而牧師最容易被信徒和同工指責的「罪過」，就是講道超過時間。

也有的教會，極為看重教義的「純正」。美國許多這種類型的福音派教會，講台多採取「解經講道」的方式。另外，現代化的教會強調分工明確，因此教會的教牧同工之間有時變成只是「同事」關係，而非「弟兄姊妹」。這種人際關係的疏離感，是現代工業社會的特徵，也是現代化教會常有的現象。

1. 後現代特色的教會

　　但是後現代的社會注重感性多過於理性，人們珍惜個人主觀的經驗，也樂於分享這些經驗。因此，許多超自然的、神秘的經驗，不再成為禁忌，反而是人們津津樂道的話題。由於現代社會造成人際關係的支離破碎，後現代社會的人更重視「關係」的建立，強調「過程」(Process)，而不僅是「結果」(Result)。

　　因此當代許多比較偏向靈恩的教會，都是具有這種「後現代」色彩的教會。他們的聚會喜歡採用熱情洋溢的「敬拜讚美」型態，唱詩時間很長，有時比講道時間還長。崇拜方式比較不拘形式，可以隨時加入見證或禱告。有的教會甚至在牧師講道完之後，立刻請會眾當場回應。

　　一般而言，這種的教會講道時間較短，信息內容也非常強調「切身感受」(Felt Needs)及如何與我們的生活息息相關(Relevance)。同時，這種教會的信徒比較重視「當下」(Here and Now)的需要，而非「終極關懷」(Ultimate Concern)。他們對教會的委身程度較低，甚至有「反機構化」(anti-institution)的心結，所以常常遊走於眾教會之間，成為「游牧民族」。

　　美國以調查基督徒社會現象聞名的巴納(George Barna)，在2001年底曾列舉出一些當代美國教會的狀況[6]，其中有許多與後現代思潮是有關係的：

- 35歲以下的年輕人中，很少人採取聖經的觀點看事情。
- 聖經的教導與價值觀，對人們道德的選擇影響很小。人們關心的是如何避免麻煩及減少衝突。

- 美國人當中相信有絕對真理的人數,已經由2000年一月的38%,急速掉到2001年十一月的22%。

- 預期到2010年,有五千萬人只會在網路上去尋求「靈性的經驗」,而不會去教會。

- 有30%自稱是重生的基督徒認為,同居、同性戀、看色情電影都是可以接受的。

這些都反映出後現代思潮已經逐漸對教會的信徒產生影響。因此要如何去牧養這些後現代社會的信徒,將成為牧者的一大挑戰。

2. 後現代教牧關懷的急務

李耀全牧師曾引用英國學者高利夫(Paul Goodliff)的觀點,提出四個「後現代教牧關懷的急務」[7]:

A. 建立基督徒的群體

現代社會過份強調「個人主義」,連教會也是如此,缺乏真正的肢體關係。因此每個人都成為「孤島」,自然容易被魔鬼各個擊破。我們需要重建溫馨親密的基督徒群體(Community),才能共同面對生活上及信仰上的挑戰與衝擊。

B. 培育健康的人際關係

由於社會大環境的影響,許多人的「自我形象」(Self-Image)及「自我價值」(Self-Esteem)很差,導致他們人際關係的不健康。當然,正確的「自我價值」必須從信仰上去重建,體認自己是個蒙恩的罪人,然後才能重建健康的人際關係。另外,許多人都注意到,從中國國內來的人,夫妻關係問題特別普遍,也比較嚴重。我深信其中一個原因,是過去

中國的政治鬥爭太多，在這種「批鬥文化」的薰陶下，許多國內來的人也就習慣於用這種「批鬥」方式來處理夫妻的矛盾，以至於衝突越演越烈，終至不可收拾。這些都需要重新去培育健康的人際關係。

C. 醫治受傷心靈

現代人由於種種的原因，心靈受傷甚至成為某種精神病患者比例逐年高昇。因此有些教會的牧師幾乎放棄祈禱傳道，而成為「心理治療師」了。這是不太正常的地方，但是也突顯出醫治受傷心靈的迫切需要。但是問題是，許多牧者在從事「教牧協談」(Pastoral Counseling)時，往往會不加思索地採用世俗的心理學家的理論與方法，卻沒有考慮到這些心理學理論是否與我們的信仰有衝突？他們的假設前提是否合乎真理？因此，如何適當地結合聖經真理與心理學，是我們必須先處理好的問題。

D. 培養真切持久的信仰

幫助信徒在信仰上的紮根，是牧者的首要責任。否則面對一群支離破碎的老弱殘兵，牧者一定會像牧羊犬一樣疲於奔命。但是要如何去培育信徒的靈命，則是一個亟待探索的老問題。近代福音派教會開始注意到「靈修神學」的重要性，也有些人開始在推廣，這也是一條值得注意的方式。

3. 後現代教會教牧關懷的芻議

針對後現代社會的特性，以及其所帶來的一些弊端，我個人建議下列一些對策，作為回應。

A. 強化團契或小組的功能

傳統上，華人教會一般而言，團契或小組最主要的活動

是「查經」，因此它偏重教導的功能，難免與主日講台及成人主日學的教導功能有些重疊。最近流行的「小組教會」則強調小組的傳福音功能，講求快速分裂生殖的績效。

其實團契或小組的最主要功能應該是牧養關懷，至於教導及傳福音功能，則應該是副帶的作用，而不是主要功能，不要本末倒置。對教會的牧者而言，這些團契、小組是他的教牧關懷「網路」(Network)，可以協助他落實關懷的工作。同時，這些團契、小組也是他需要費心去培育的「基督徒群體」。約翰衛斯理在早期就將他的信徒組合成小「班」，在「班」裡面，信徒要定期彼此交代自己的信仰生活現況。這種小組是後來循理會的快速成長的原因。

B. 全面而深入地教導聖經真理

雖然後現代的信徒喜歡陶醉在詩歌的旋律中，而不喜歡聽長篇大論。但是他們在真理上的膚淺，正是他們容易被異端邪說誘惑的原因，所以需要對症下藥。因此保羅提醒提摩太：

> 務要傳道，無論得時不得時，總要專心。並用百般的忍耐，各樣的教訓，責備人、警戒人、勸勉人。因為時候將到，人必厭煩純正的道理，耳朵發癢，就隨從自己的情慾，增添好些師傅。並且掩耳不聽真道，偏向荒渺的言語。(提後 4:2-4)

既然要全面地教導聖經，主日講台最好以「解經講道」的方式來傳講，使信徒能對聖經有全面性的瞭解。當然現代的許多視聽器材設備，都可以用來幫助我們的表達方式更活潑有效。另外，在成人主日學方面，也可以加強，使信徒養成終身學習的習慣。但是如何去實踐、去經歷所學習到的真

理，才是成敗的關鍵。否則只有「知識」，沒有恩典的經歷，仍然是不平衡。所以彼得勸勉我們：「要在我們救主耶穌基督的恩典和知識上有長進。」(彼後 3:18)

C. 兼顧現世與終極的需要

我們不能漠視人們現世的需要，否則就成了雅各所責備的那些有「信心卻沒有行為」的「虛浮的人」；我們所傳的福音，也就成了曲高和寡的高調。但是，我們也不能只遷就世人短視的眼光，去滿足他們現今的需求而已。我們應該向他們指出什麼才是他們真正的需要，引領他們去追尋永恆的價值。所以我們要分別：什麼是我們傳福音的「切入點」？什麼是我們要引導他們去的福音「終點」？我們需要更整全的福音信息及福音策略。美國心理學家Maslaw對人類基本需要的研究，或許可以給我們在研擬福音策略時，得到一些啟發。

後現代的人是漂浮不定的一代，他們隨心所欲的去追求自己的理想或美夢。但是他們也是迷惘的一代，沒有標準，沒有是非，沒有標竿，沒有終點。他們並不知道自己到底在追求什麼。所以有一天，他們會像《傳道書》所說的一樣，至終發現「虛空的虛空，一切都是虛空」。求主幫助我們，預備好去牧養這些「沒有牧人的羊」。

第四節　後現代思潮下的宗教觀

自中古世紀以來，西方基督教國家一向把基督教視為獨一的、絕對的、排他的、超越的，也是唯一擁有從神而來的啟示的宗教。其他的宗教則或被認為是迷信的（如原始部落的精靈崇拜），或是低俗的（如民間宗教），或是不完全的

（如佛教），有些甚至被認為是異端（如回教）。

　　啟蒙運動之後，使人們對於宗教的觀點逐漸傾向於相對主義。有些思想家（如馬克斯）甚至認為，宗教將逐漸被理性所取代，最後完全消失。但是稀奇的是，二十世紀後半，我們卻看見宗教熱潮在各地風起雲湧。不但是所謂的「落後地區」，連歐美國家也有宗教復興運動；也不僅是基督教在南美洲、韓國、中國各地有大復興，回教、佛教也有他們的復興運動；新興宗教更是如此。

　　同時二次大戰後，由於殖民主義的結束，人口的大量遷移，目前世界的宗教「版圖」不再像以前那樣截然劃分了。在西方國家的大城市裡，基督徒會與回教徒、佛教徒、印度教徒在街上摩肩接踵地來來往往。因此，所謂的「異教徒」不一定是在遙遠的他鄉，而可能是近在眼前的。

　　因此，目前的宣教所遭遇的最大挑戰之一，將是如何去面對各種「異教」的問題。而後現代思潮的流行，使人們懷疑絕對真理（宗教是其中之一）的存在，更使人們越來越傾向於「殊途同歸」的立場。基督徒要如何回應這種趨勢呢？一般來說，基督徒有三種可能的立場[8]：(1)多元主義；(2)包容主義；(3)排他主義。

1. 多元主義(Pluralism)

　　這種多元主義的立場又稱為「相對主義」(Relativism)[9]，其中最有名的支持者包括 John Hick, Paul Knitter 等人，他們都是自由派的神學家。基本上他們認為，各種宗教都是嘗試對人生的問題及真理的「實體」(Reality)提出解答，因此好像「瞎子摸象」一樣，結果人言人殊，莫衷一是。其實，每一種宗教都受自己的文化及時空環境所侷限。歸納起來

，多元主義者的主要立場是：

(1) **他們認為所有的「啟示」主要都來自於宗教經驗。**聖經只是眾多「啟示」中之一，固然對基督徒而言是有幫助的，但是對其他人而言，卻是沒有權威性的。

(2) **他們認為有關基督「道成肉身」的教義，是來自於神話。**他們認為，如果基督真的是「神成為人」，帶來了救恩，那麼得救之路就只有藉著耶穌基督了，殊途同歸也就不可能了，因此他們堅決反對這個教義。他們認為「道成肉身」的教義，是門徒們藉著自己的回顧而「發明」出來的教義。

(3) **他們認為「得救」是所有的宗教的本質。**他們強調，基督教的得救之道不是唯一的，而是諸多途徑之一。

(4)**他們的宗教立場由「基督為中心」(Christocentric)，轉移至「拯救為中心」(Soteriocentric)。**因此宗教是人類尋求拯救、解放或終極圓滿的各種途徑。

(5) **他們認為神是無法認知的「未識之神」。**他們以康德的觀念為出發點，認為神是無法被人所認知的。因此在不同的宗教傳統裡，人對神的認識往往是不充分的、差異極大的，甚至誤導的。

在這些前提下，他們認為所有的宗教都是同樣地有價值，每一個「教主」或先知都和耶穌一樣重要。他們反對任何要設法使人改變信仰的企圖，但是也沒有要任何人放棄他自己原有的信仰。

福音派能夠瞭解多元主義者對那些一生中從未有機會聽到福音的人靈魂結局的關心，但是認為多元主義者放棄了基

督教信仰的核心特質，因此當然這種立場是不被福音派學者接受的。

2. 包容主義(Inclusivism)

這種包容主義的立場又稱為「成全主義」(Fulfillment)[10]，他們一方面相信基督乃是神最高、最完全的啟示，但是另一方面又認為神能透過「一般啟示」，讓異教徒也有機會得救。他們基本的立場是：

(1)他們認為普世都有機會接觸到「拯救」之道。他們確信聖經的教訓明白地指出，萬人都有得到拯救的機會，但是這並不等同於「普世得救論」。

(2) 他們認為基督徒與「信徒」有區別。「信徒」乃是那些相信神，卻不知道有關耶穌其人其事的人。這些「信徒」仍然是因著基督的贖罪祭而得救的，但是他們可能對歷史上的耶穌一無所知，正如舊約中許多聖徒一樣。其實這種「信徒」的觀念，與天主教在「梵諦崗二次大會」上所提的「隱藏的基督徒」(Anonymous Christian)觀念類似。

(3) 他們相信在異教中也可能有「拯救」。他們認為雖然異教是不完全的，甚至有錯誤，但是神仍然可能施恩與人。因為從羅馬書2:6-8來看，神既然不偏待人，要以「永生」賞賜所有尋求神的人，那麼拯救之門應該是敞開的。

(4) 他們相信「一般啟示」可能帶來「拯救」。他們並未貶低「特殊啟示」的價值，只是強調「一般啟示」既然出於神，也就應該有拯救的能力。

(5) 他們相信集體性的「揀選」是為了服事。他們不認為「揀選」是為了「個人得救」的目的，而應該是為了服事

神、服事人。

(6)他們支持「死後得救」(Postmortem)的觀念。有些人依據彼得前書3:19-20和4:6，認為人死後仍有接觸福音，甚至得救的機會。

雖然這些包容主義者常常從聖經中來找他們論點的依據，但是他們對「一般啟示」、「死後得救」、「隱藏的基督徒」的看法，仍然不容易被福音派所接受。

3. 排他主義(Exclusivism)

這種排他主義是福音派教會傳統的立場，而且是完全依據聖經的。這種「除祂以外別無拯救」(徒4:12)的立場，以及堅持「特殊啟示」是得救的必經途徑，是排他主義的特色。他們的主要神學立場是：

(1) 他們相信在得救的經驗上，「神的話」是絕對必要的。換句話說，「特殊啟示」在排他主義者看來是無可取代的。

(2)他們認為「一般啟示」沒有拯救之能。因為「一般啟示」太瑣碎，又因人罪性的扭曲，所以無法引導人邁向得救的知識。

(3) 他們相信對基督的信心，應該在死以前就表現出來。也就是說他們否定「死後得救」的觀點，認為包容主義者對彼得前書3:19-20和4:6的解釋有偏差。

(4)他們認為失喪的人是自己選擇的結局。正如羅馬書2:12-15所指出的，沒有機會聽到福音之人的被定罪，不是因為他們拒絕了歷史的耶穌，而是他們拒絕神寫在他們心裡的「律法」(良心)。

(5)他們認為在異教的信仰中沒有「拯救」。

但是我們也要注意，在排他主義者中，也還有三種不同的分支[11]。第一種是「期望派」，他們希望神會為那些沒有機會聽福音的人，預備其他的救贖之路。第二種是「實在論」(Realistic)者，他們雖然看出其他宗教的價值，但是仍然堅持異教裡沒有救贖。第三種是「死硬派」，認為不但異教裡沒有救贖，也沒有任何價值，甚至是屬魔鬼的。

4. 反省與回應

在後現代思想的衝擊下，基督徒應該如何去面對異教的挑戰？很顯然的，上述「多元主義」及「包容主義」的立場，已經背離了聖經的基本教訓，是我們不能苟同的。但是若採取「排他主義」的立場，是否又會太強硬？太不合時宜？

首先，我們不必為我們持守「有絕對真理」的立場而感到畏縮不前，這是我們不容置疑的信念。其次，既然有絕對真理，我們將各種宗教中予以批判式地「評比」，並沒有什麼不對。反之，不分青紅皂白地將所有宗教視為一樣好，乃是推卸責任的鴕鳥政策。第三，我們必須承認，過去基督徒給人一種傲慢、無知的印象，乃是我們的態度有問題，而不是我們的信念有問題。我們往往在對其他宗教一無所知的情況下，就輕率地批評這些異教，這種態度是會引起反感的。

因此，我們需要的是宗教間的「對話」(Dialogue)。「對話」不是要放棄我們「排他主義」的立場，而是要虛心地聆聽，去瞭解各種宗教的前提、經驗和掙扎。這種「知己知彼」的功夫，是我們要向異教徒傳福音的預備工作。

所以，我們仍然應當大膽地宣揚我們所堅信的福音真

理，但不是以法官或律師的身份，而是以見證人；不是戰士，而是談和的特使；不是灼灼逼人的推銷員，而是主耶穌的大使[12] 。

---

[1] 本段部分取材自江丕盛〈文本與意義—後現代文化中的神學詮釋學〉(中神期刊 1999.7)，及吳慧儀〈後現代思潮衝擊下的「文本與詮釋」〉(中神期刊 1999.7)。

[2] 江丕盛〈文本與意義—後現代文化中的神學詮釋學〉(中神期刊1999.7), p. 11.

[3] Paul G. Hiebert, *Missiological Implications of Epistemological Shifts,* 1999, Trinity Press.

[4] Thomas S. Kuhn, *The Structure of Scientific Revolution,* The University of Chicago Press, 1970.

[5] 引述自 *Telling the Truth,* D. A. Carson (ed.), Zondervan, 2000, p.77.

[6] "The Year's Most Intriguing Findings, From Barna Research Studies," Dec. 17, 2001, Barna Research Online, www.barna.org.

[7] 〈後現代的教牧關懷〉, 建道神學院《教牧期刊》，第九期，2000年五月。

[8] Ebbie Smith, "Contemporary Theology of Religions," in *Missiology* (edited by John M. Terry, Ebbir Smith and Justice Anderson), Broadman & Holman, 1998, p. 416-33.

[9] David J. Bosch, *Transforming Mission, Orbis,* 1991, p. 481-82.

[10] 同上，p.479-81.

[11] Ebbie Smith, "Contemporary Theology of Religions," p.429-33.

[12] *Transforming Mission,* p. 489.

宣教神學

作　　者　莊祖鯤
出 版 者　基督使者協會
地　　址　21 Ambassador Dr.
　　　　　Paradise, PA 17562, USA
電　　話　717-687-0537
美國境內免費電話　800-624-3504
傳　　真　717-687-6178
電子郵箱　bks@afcinc.org
網　　站　www.afcinc.org
亞洲總經銷　道聲出版社
地　　址　106 台灣台北市杭州南路二段 15 號
電　　話　(02)2393-8583
傳　　真　(02)2321-6538
E - m a i l　tpublish@ms12.hinet.net
劃撥帳號　00030850
2004 年 10 月初版　　©2004 有版權

Mission Thearchy

Author　　Tsukung Chuang
Publisher　Ambassadors For Christ, Inc.
　　　　　　　21 Ambassador Dr.
　　　　　　　Paradise, PA 17562, USA
　　　　　　　Tel:800-624-3504 Fax:717-687-6178
　　　　　　　E-mail:bks@afcinc.org
　　　　　　　Website:www.afcinc.org
　　　　　　　U.S. Order line:(800)624-3504
1st Edition　October, 2004
Printed in Taiwan, R.O.C.　©2004
All rights reserved.
ISBN 188232431-5

NOTE

NOTE

NOTE

NOTE